人間羽錄 ②

有女真好

鄭羽書、Victoria ◎合著

晨星出版

作者序

女兒是心靈互通的伴侶

鄭羽書

和女兒的關係與其說是母女，更貼切的應該說是知心的朋友或有血緣的姐妹，周遭認識我們的人總投以羨慕的眼光，怎麼能有如此貼心的女兒？如此心靈互通的母女？

我深信絕大多數的父母都是竭盡所能撫養孩子、教育孩子、疼惜孩子，但在心靈的互通上就未必順暢呀！在她十歲前我也是，我是知道給卻不太懂得要，「要」是很大的學問，彼此的需要才能深入心靈的互通。

深入心靈的互通也不夠的，直到菩薩給了我一個生命的功課，這個震撼的功課讓女兒和我更深入彼此的生命旅程！

二〇〇九年五月二十日，九十七歲高齡的養母小感冒，電話中醫生告知無礙，但留她在醫院休息兩天，身在大連的我，因每個月二十五日結業績，心想既然無礙，就等二十六日再回台看望；二十三日晚上七點多是禮拜六，女兒在電話中哭著告訴我：「阿嬤在急救！」

「阿嬤不是好好的嗎？為什麼要急救？」我也慌了。

醫生說：「老太太急救的頻率會愈來愈快。」我沉思後緩緩的說：「她身體瘦弱，禁不起電擊、心肺復甦之類的折騰，只稍作心臟按摩，不要讓她受罪。」

掛了電話，我拿起《藥師經》誦持，只求老媽媽等我明天回，讓我見一面。但我的願終究沒有成，凌晨三點五十四分，老媽媽走了，我交代女兒不准移動她，需誠心為她助唸，直到我見她一面，才能入殮。

當時大連還沒有直飛班機，天未亮我趕赴機場，最快的方法是先飛上海，要一張直飛台北的機票，幾番周折，下飛機已是下午三點五十分，離媽媽往生已十二小時，才走出機場，女兒電話響了：「媽，我剛才看見阿嬤穿著海青，踩在強光上很開心的跟我揮手說 bye bye……」

我的淚水再也忍不住，媽媽擔心我罣礙，示現讓我知道她跟阿彌陀佛去西方了，女兒在國外長大，她不會知道人往生西方是踩著強光去的！她的示現也更堅定女兒的信仰，佛菩薩何等慈悲！

媽媽的往生確實打敗了我，我心力交瘁，我懊悔，為了業績我沒提前回台是我一生最大且無可彌補的遺憾，我陷入低潮幾近恍惚。

當年九月二十日星雲師父第一次到東北，我到瀋陽會合他們一行，在瀋陽停留兩天又往長春，我因二十五日瀋陽有會議，二十四日向師父告假返回瀋陽，二十六日上午又開內部檢討會，中午驅車返大連，奈何整天傾盆大雨，白天如同黑夜，我返家心切，加快車速一路狂飆。

到家已精疲力竭，癱坐甚久也不覺餓，想漱洗就寢，走進浴室，為撿起一捲紙，一個恍神，半邊臉扎在洗手台的邊角，無預警的力道，痛得麻住了。天真的以為睡一覺醒來就好了，隔天清晨痛醒，枕邊是血，鏡中的右邊臉連同上嘴唇瘀腫嚴重，我請助理買了消腫止痛的藥，不敢去醫院就診，一星期過去，實在無法再熬，買了機票返台就醫，眼下骨裂、鼻樑邊神經受損，唇內傷口沒有及時縫合直到現在都會稍微障礙我說話與進食，神經的受損也未能完全恢復，仍有些麻木、刺痛。過程裡，冥冥中我感覺菩薩來提醒我，提醒我的承諾未履行，我曾說五十五歲開始，我要成立一個基金會，去幫助弱勢家庭中的孩子，四處演講，繼續寫作，我每天提醒自己，但總被工作所困，總告訴自己再等一下！

二〇一〇年十一月，我仍奔波在機場間，為趕行程我提著行李上手扶梯，又是一個恍神整個行李把我往下甩，又是右邊臉受傷，右手腕骨折，好在扶梯往上，否則我這一頭長髮捲在扶梯裡的後果不堪設想！復原中，我告訴自己該去做自己的理想了，菩薩一次又一次的提醒，怎麼還無法行動呢？還在拖延什麼？不能總是告訴自己明年吧！再等等……

二〇一一年三月六日，我在客廳沙發看書，頭部右邊有個點突然巨痛，持續的巨痛令我無法忍受，心想，早兩天痛我明天就不飛北京出差，可是所有行程都安排好了，不宜更改呀，怎麼會這麼痛？為什麼？是因為前兩次受傷後有瘀血壓到神經？回台灣該去看看醫生。

這個痛持續五天，每天痛幾個小時，讓我很納悶。

在阿華哥的協助下，到榮總找陳昌明醫師，他聽我的陳述決定拍 MRI，因我急於返回工作崗位，未等結果就飛了。四月十三日早上六點四十二分，陳主任電話中告訴我 MRI 懷疑左側中大腦動脈有一個動脈瘤，儘快回台複診。掛了電話，真的也不知那是什麼，覺得小事，準備一個月時間回去開個刀很快就好啦！開始盤算怎麼安排工作，晚上回到家，想上網了解一下大腦動脈的動脈瘤是什麼？浮在眼前一篇又一篇的文字才讓我警覺：「好像沒那麼簡單，菩薩這次真下了重手，我需回去面對！」第一個電話告知星雲師父，師父叮嚀不要害怕，這二十多年來他就像自己的父親，是支撐我的最大力量。

阿華哥找關係安排我住院，再做腦部血管攝影，這個檢查其實很折騰，要麻醉，顯影劑從鼠蹊部打進血管，照攝時強光刺痛，雖然閉上眼睛，仍感覺霞光萬丈，剎間《金剛經》四句話浮現眼前：「一切有為法，如夢幻泡影，如露亦如電，應作如是觀。」

我恍然大悟，菩薩沒要我的命，祂只是下了最後通牒告訴我時間不會等我，沒有明天、明年，而是當下，任何事都從當下開始，即使我在說當下也已成過去，凡事不能等待，於是我心中有了定見！

回到病房，有六個小時不能動，怕血管爆開大出血，慈悲的心定和尚才從泰國弘法下飛機直奔病房探視，他的撫慰也帶給我極大的力量，此時我的心境是平靜如水……

腦神經外科醫師要我找家人來聽腦部攝影報告，這個手術因危險性極高，除了阿華哥、女兒與最了解我的姪女小秋，我始終沒有驚動任何人，阿華哥說他要來，女兒是必須讓她了解一切的，醫師講述與評估所有的情況和風險告知我們三個人，阿華哥感覺有點慌，沉默後望著我：「這你要自己拿主意。」

女兒緩緩的說：「媽，您做任何決定我都支持。」

我問醫生：「不開刀呢？」

「那你就像帶著一顆不定時炸彈，瘤的大小不能超過 0.7 公分，每天量血壓，太冷的地方不能去，不能太累，不能抽菸，不能提重東西，不能生氣……每半年要回診，但也不表示它不會有突發狀況……」

我故作鎮定：「哇，這麼好命！那就先不開刀，我跟它先相處一下哈！」醫師當然是尊重我的決定，我需閉關想清楚下一步怎麼走。

就從這一刻開始，我和女兒不只是心靈互通，也深入彼此的生命旅程，我知道生命的時序是短暫的，她知道擁有媽媽的日子是有限的，我們更珍惜彼此的相處，在生活中，一樣會有彼此間喜怒哀樂的情緒，且我們更健康的建立當失去媽媽的陪伴時，生活依然要如常的觀念。

女兒的貼心我的朋友都感受，她很會照顧人，尤其是老人，她觀察入微周遭的叔叔、阿姨、舅舅們需要什麼她都清楚：為打高爾夫球的買防曬霜，為太舊的電話座機換話機，為感冒失聲的買澎大海，為不會電腦的買小電腦教會她，為外公買拐杖，為老人院捐尿布……這樣善良慈悲又體貼的年輕孩子不多的，以一個平凡母親的心情，衷心祝願她能有個一生幸福美滿的婚姻。

以至誠的心寫這本書，只想讓讀友們知道與我們最愛的孩子做心靈上的互通並不難，難在我們必須卸下自己扮演父母的角色，衷心當他們心靈的伴侶！

作者序／原來愛要掛在嘴上

Victoria

在馬雅預言世界末日來臨的前一晚，我一個個傳簡訊、打電話告訴我心愛的媽媽、爸爸、最好的朋友們：「假如，明天世界末日真的來臨，請你要知道，我是真的很愛你，也很珍惜生命中有你。」我開心地提醒朋友們也要給他們家人一個大大的擁抱，男生多回覆我：「去抱我爸媽說愛？這多彆扭啊！」、「別傻了，怎麼可能會是世界末日！」其實，我也不相信2012年12月21日是世界末日，但我就是不願意錯過這麼棒的機會，告訴每一個我心愛的人「I Love You！」

從小在國外長大的我沒有過人的文采，當電視記者時總是用最淺顯易懂的詞句來跟著畫面說故事，多少年來鮮少看書，當媽媽提起想跟我合寫一本書時，我猶豫了。「Do I know how？」所以，請原諒我這不成熟的文筆、看似流水帳的生活點滴故事，因為我想跟大家分享的是那細膩到難以言喻卻又再平凡不過的愛。

當然，還有一個再自私不過的理由，我的記性一向不好，在寫這本書的過程中，我和媽媽每週固定兩次的約會，兩個感性的天秤座，一起坐在家裡的和室書房，訂好主題，掏心聊天。常在聊天的過程，講到傷心處，兩個愛哭鬼一起淚如雨下，衛生紙一張張地揉，講到開心的地方一起開懷大笑。我用數位錄音機記錄下點點滴滴，再用這本書細細收藏，因為我知道有一天這將會是我最珍貴的回憶。

和媽媽的感情就像在談戀愛中的男女，酸甜苦辣。不定期的晚餐約會，每天簡訊傳情、吵架後各自耍小脾氣、經常想著一樣的事，說出一樣的話的默契……

親愛的媽，從小，你總是在客廳看電視的時候，看著跑來跑去的我，跟我說：「來，媽抱一下。」現在長大了，我總是珍惜有你的每一刻，還誇張的把每一次分離都當做這輩子的最後一次，看著你等電梯，在你出門前，我總是俏皮的把食指勾一勾，要你過來給你深深的一個擁抱道別。我寧可這樣賺到一千次抱你的機會，也不希望有一天我遺憾那天分別時怎麼沒跟你說再見。

以最誠摯的心寫下一字一句，只希望這本書能讓一百位、十位、甚至僅僅一位讀者感受到親情的珍貴，打開心房試著跟自己的父母溝通，或張開雙臂給他們一個大大的擁抱，對我來說就已經足夠！

推薦序／同樣美麗精采的幸福母女

富邦文教基金會執行董事——陳藹玲

年輕的時候常在報章雜誌上看到羽書雋永的文筆、久仰她的風采。但一直等到羽書的女兒 Victoria 進入公司，最近又一起推動『媽媽聯盟』的工作，才有機會進一步認識羽書。正在訝異母女兩人何以都能如此精采傑出，如今透過這本《有女真好》讓我一瞥其中奧秘。

同樣外表美麗、能力優秀、個性溫暖堅毅，也許表現的方式略有不同，但絕對看得出來「師出同門」。有四個孩子的我，實在非常讚歎。因為我深切知道，長相可以遺傳，但個性多半天生，至於價值觀、處世態度和生活中的種種表現，則絕對是後天教養出來的。

因為羽書的工作和 Victoria 小學畢業後就出國留學，這對母女實在沒有很多時間朝夕相處，不過兩人的感情並不因分隔兩地而疏遠，相反的，羽書認為女兒是她的心靈伴侶、知心的朋友或姐妹。

偶爾聽到小留學生因為父母不在身邊而不慎學壞的情況，不但沒有發生在

Victoria身上，我還看到因為自小獨立磨練而變得更有勇氣接受挑戰、更懂得生活且在職場上表現優異的Victoria！

秘訣何在?因為媽媽有心，也有智慧找尋女兒聽得進去的教育溝通方法。因為女兒貼心，願意接受建議甚至是媽媽忍不住的「嘮叨」。忙碌的羽書善用電話和文字表達對女兒的關心，Victoria也充分享受空中叮嚀並用同樣的方式回饋。

說實在，建立良好的親子關係沒有捷徑。「時間」真的是親子溝通絕對省不掉的投資，不論是花在寫書信、打電話、或面對面的溝通都算。

羽書的生命經驗極其豐富，有親生和養育的父母，也有不少也不小的起伏和病痛。她能一路走來依然豁達圓融，應該和她虔誠的信仰有關吧？

而這份對生命深刻的體悟和支撐她面對挫折的心念，應當是她給女兒最大的財產。當然，還有無盡的愛，讓年輕的Victoria竟然有如此成熟的態度，在浮誇焦躁的社會中，擁有一顆溫暖但清明的心。

相信只要用心閱讀，所有的讀者也都能感受到如此甜蜜親情，並在分享中學習很多親子乃至與周遭眾人和睦相處的法寶。祝福羽書和Victoria，還有幸運讀到此書的各位，都能享受生命所帶來的一切，尤其是親情！

推薦序　Care：作家母親與主播女兒──關於《有女真好》

詩人　陳義芝──二〇一三年七月於台北翠山

女兒是自己生命的延伸！視女兒的幸福為人生最重要的追求！沒有如此深刻的緣與命，不可能出現這本書。

這書有兩位作者：鄭羽書和她的女兒 Victoria。一個是二十世紀七〇年代末開始創作小說，同時出版散文的中生代作家；一個是成長於國外，二十一世紀返台進入傳媒界，深受矚目的新生代電視記者及主播。內容呈現至親的、女性的心靈與際遇，簡言之，就是一對母女「愛與意志的表現」。

借用美國心理學家羅洛．梅（Rollo May,1909-1994）的「操煩」（Care）說，最能深入感受鄭羽書對女兒的苦心，無可與匹的純啟聖潔。羅洛．梅《愛與意志》解釋操煩的意涵，舉的例子是一些戰地影像，「傷者彼此照料，士兵照顧受傷的百姓，陸戰隊員用臂膀攙扶袍澤，傷兵們痛苦、惶惑的哀嚎……」（引自立緒版彭仁郁譯文）。戰爭是人類一種處境，置身叢林沼澤、烽火死亡、哀傷惶惑與榮耀中；

人生的成長歷練何嘗不是類似的處境，做父母的注視著孩子涉身「戰地」，感受他們的困頓、傷痛，引領、陪伴同聲一哭，相互打氣，或朝向平安美好的路途前進，這是本能也是意志。本書中的女兒對母親的依存、理解，也顯示母親會是她生命操煩的主體，這是難得的「逆向之愛」。

本文題目不用「操煩」一詞，而逕用英文 Care，是唯恐「操煩」予人絮叨、古板、說教的成見，不如 Care 透露的愛護、照顧來得親切、清新。全書計分三卷：第一卷是做母親的告白，強調「陪伴」的重要。鄭羽書帶著女兒從小看新聞，學習游泳、芭蕾、鋼琴、吉他……「在她的成長過程中，我不想錯失任何一天」，她說。不能親自陪在身旁時就用電話陪，不僅關心女兒，還關心女兒的朋友，從女兒的朋友處了解女兒的想法與煩惱；也教女兒學習「怎麼與我相處」、「如何讓她的朋友與我相處」、「怎麼與朋友們的媽媽相處」，母女終能相互體貼，看對方如同看自己，接受對方的感受，採用對方的標準。

鄭羽書是小說家，生命歷練豐富，所揭示的曲折心影因而格外特別。她不斷地和女兒「約會」，把與女兒溝通的觀念、方法，一篇篇寫成文章，希望成為更多人的成長借鏡。女兒是她一生最大的滿足，一如那一段過往真是「有女真好」。

第二卷收錄十三篇「小女孩的成長心事」，文中的「小P」是一玩偶小豬。女兒**Victoria**的生活場域跨越台灣、美、加及中國，當她心情不好想發洩或心存困惑想傾訴，都以小P為對象。關涉的現實面相，包括語言、文化、孩子的信任與寂寞等心理衝擊，是一份很有意思的青少年研究文本。

這些信寫於**Victoria**十二、三歲時，童言童語不假修飾，愈見其樸真，當她一個人在國外孤獨時，呼求母親：「你決定什麼時候來看我了嗎？好多大小事都要你來處理」，「希望媽媽今年能破例，讓我回台灣過個熱鬧年，我的銀行帳戶需要補一補啦！」

小女生當然也愛美，於是信裡就會出現這樣俏皮的話：「幫我帶幾件亞洲流行的衣服，還有好吃的零食，來慰勞慰勞我這又認真又努力的乖孩子吧！」，其中一封描述加拿大中學「校外教學」，將學生帶到野外冒險體驗的情景，題名〈登上新大陸〉，最令人深思！

這些信代表了不同日子的心情，親切而溫馨。現在，每一封信的後頭再加上母親的按語，於是不只是母女間的私話，而成為與讀者的對話。

第三卷談教育、愛情、信仰、家人、交友、寵物、旅遊……等課題。同一主題分別出自三十歲的女兒與三十乘以二的母親之筆，刻繪職場情景，凸顯女性意識，交織激盪，更增添了知感兼備的厚度。

認識鄭羽書，開始有生活上的來往，是最近十幾年的事。我無法透過這本書了解她的家世、事業、奮鬥軌跡（這本書的主旨不在此），但讀了這一對母女勇闖天涯的風情寫真，確能體會她們的光采、喜悅，思索她們的甘苦，像是與她們一起解答了許多人生解不完的謎。

西方有一個古老寓言：有一位女神叫操煩（Care），「人」是她用泥土捏塑的，因此「人」活著的一生都為她所擁有。觀察鄭羽書的生命捏塑，她正是女兒Victoria 的操煩女神啊！

推薦序／不要等到失去才學會擁有

亞太影后 張榕容

真讓人羨慕！這是我看這本書時一直有的想法。這一封封橫跨了十幾年往返的信件，集合在一起就叫做愛。說起來也真是不好意思，我跟媽媽只有在吵架後雙方都拉不下臉的時候才書信往來呢！而近年似乎隨著科技晉升為簡訊往來了。

雖然 Victoria 常年時間都待在國外，但是看過這本書的我更加相信她們母女倆的好感情（看見本人時就已經好的不得了了）。文字之於情感的魅力就是在於它的真摯與誠實。我在猜，會不會是因為她們時常相互書寫，所以彼此都培養出了耐心的能力？以致於在實際溝通的狀況下那麼包容跟傾聽。再看看自己，總是話不投機就站起來飄走，好像很少聽完我媽的苦口婆心（或叨唸），真是慚愧。

從 Victoria 的身上我讀到了美麗、豪氣、自信、責任感跟義氣。「義氣」這個形容詞聽起來很奇怪，為什麼會用這個詞呢？我相信接下去讀這本書的讀者們就會發現哪部分是在講我的故事，以及我為什麼會用義氣來形容 Victoria 了。扯那麼遠似乎是離題了。我只是想形容Victoria的這些優點還只是遺傳了媽媽的一小部分，媽媽的瀟灑與大方更是豪氣更是美麗，因為Victoria的媽媽連我們這些朋友都很照顧、費心，而且真誠。

反省跟愉悦是我從這本書中獲得的感受。看完了這部書，我倔強的打了電話給媽媽，生硬的裝作沒事的關心一下她的身體，同時感謝上天讓她至今依舊健康開朗。千言萬語都比不過一份真誠的感謝。「不要等到失去才學會擁有」，謝謝Victoria、謝謝羽書阿姨，讓我把這麼簡單的道理再拿出來溫習、實作。同時也希望羽書阿姨一直保持著健康的身體，讓我的好朋友Victoria可以笑口常開。

目錄

Chapter 2 小女孩的心事：寫給小p

CONTENTS

Chapter 3

30 vs. 30×2的女人

Letter

Chapter1

用「心」對話

每次的用「心」溝通，
都是為了培養和孩子的默契。
孩子，不管距離多遠，
媽媽的心都和你在一起……

寫給13歲的女兒

羽兒，媽媽的寶貝：

這幾天媽偏頭痛又犯了，夜裡睡不好就胡思亂想，今天在飛機上也不想睡，看了兩部電影，一部是你前陣子看的《阿瓜與阿呆》，邊看邊罵，我女兒怎麼看這種電影?沒水準!哈，你媽真無聊。

第二部電影是《小婦人》，學生時代看過，當然是記不得，邊看邊哭，哭到電影結束，兩眼紅腫，跑進洗手間許久出不來，好丟臉!每個孩子的成長都好辛苦，尤其是約瑟，她有才能，她好強，吃好多苦，媽媽想到我的寶貝，我的寶貝有才華，好強，可是媽媽又捨不得她吃苦，因為媽媽在成長中走過太多辛苦路，總希望你能避過，好好利用我能給你的條件，充實未來人生的道路，媽媽也不知道這樣做對不對，因為我的女兒在不知不覺中已養成非常堅強的個性，所有問題與委屈都自己承擔，你知道媽媽好心疼嗎?再重要的問題你也能一句話輕輕帶過，讓媽媽沒有可以幫忙的地方，你已十足具備師公講的「舉重若輕」！但孩子，媽媽並不希望這樣，因為在你這樣的年齡，對你來說壓力太大，媽媽怎麼捨得？我好懷念你在柏克萊住在朱阿姨家上暑期學校時，我牽著你的小手去學校，牽著你的小手走回家，晚上曹阿姨帶你去偷剪花……

但，媽媽知道不能了，因為我的寶貝長大了，寶貝雖然長大，媽媽的愛可沒有減少！

孩子，我們可以重新開始，我希望你是一個可以哭、可以笑、會生氣、會快樂的好女孩，媽媽可以看到你成長的過程是健康的、法喜的……不能再寫了，氣流很壞，飛機晃動很厲害，字寫不穩。

坐飛機雖然不好玩，為了你，媽媽願意天天坐！

私校考完了，輕鬆一下吧，一切隨緣！

媽咪　於機上　1994/8/4

孤獨的開始

親愛的媽咪：

來到這裡已經兩個多禮拜了，對這裡還是很不熟悉，一切都與台灣不同。不論居住的環境、生活的習慣、人與人之間的關係和相處方式、及學校的教育。我不得不承認適應一個新的城市是困難的。

在飛機上時，我不斷的幻想以後的日子，但一踏出機場的那一刻，我完全明白現實與理想的差異了。到了一個家徒四壁的空屋，除了地毯和其他基本設備，真的空無一物，這是個「家」？光是從空房子變成一個可正常生活的家，從站著吃飯到家裡到處都是椅子，從打地鋪到有床甚至書桌、文具、擺飾和食物，都花了許許多多的心血！跑遍了溫哥華，花了許多的金錢，終於可以有個安身之處了，但隨即面臨學校的問題。

媽咪，我好怕，這一切對我來說太陌生了。如果同學欺負我不會說英文而捉弄我，怎麼辦？再擔心還是得面對，我還是抬頭挺胸的走進學校。我聽了你的建議，不懂就問，問到懂為止。雖然似乎有些丟臉，但我一直告訴自己這只是個過渡期，我會熬過去的！事實證明了這點，雖然許多事我仍舊不懂，我依然害怕公車會坐過頭，害怕和別人交談，但我好像已經習慣了這種害怕而轉成每天的挑戰。至少比起台灣的課業及升學壓力，我已經輕鬆很多了！

我對自己的第一個要求就是交幾個朋友，畢竟我是那種需要朋友的人。再來可能快點適應吧！反正盡快為自己定一個計劃，定一個目標，然後再努力往前走。我相信以我的能力，我一定可以做得更好，更完美！

你決定什麼時候來看我了嗎？好多大小事都要你來處理，而我也好想你！來這裡雖然環境陌生，但對吃的可不陌生，短短的兩個多禮拜已經胖了兩公斤了，再不節制你就不認識我囉！希望你和我任何事都很順利！

羽兒

P.S.：記得幫我買幾本小說和流行的CD，謝啦！

當孩子面對陌生的環境與事物，
大人要在暗中關注，忙碌不是藉口！

在約會中長大

最近得了「思女」病，跟女兒分手不到一個月，怎麼又想著她，即使忙得昏天黑地，只要有點空隙就掛念著她，其實互通的電話並沒有減少啊！

想起每次去洛城探望，坐上她的車，最不願意聽的是香港歌手的廣東歌，我總嫌太吵，或叫她關掉，但這次我發現她顯得煩躁，沒有耐心，很直接地回我：「你每次都嫌廣東歌不好聽，可是我喜歡啊！我的廣東話是聽歌學來的，你上我的車為什麼不尊重我一下？每次都叫我關掉。」

乍聽之下好像有理，但當然沒理，我沒有馬上反應，忍著找適當時間「機會教育」。從小不就是這樣跟她熬大的嗎？當我覺得她的行為思想脫軌，就是我們約會的時候了。

「明天中午媽請你去 Tea House 吃飯。」，我會選擇一個氣氛情調不錯的地方，她也明白媽又要和她長談了。我耐心地花幾個小時與她講理、溝通、調整理路，她也知道我給她充分的表達思想、行為的空間，但結論都是聽我的，因為我有理，非常費心！當然，教育孩子本來就是費時、費心的事，無從偷工減料；每當我的朋友羨慕我有個好女兒時，其實是因為我用了心，從她生下來，有情調的約會沒有間斷。

她找了一家非常好吃的西點咖啡店請我坐下：「這家甜點非常有名，你下午還沒有喝咖啡呢！」

當我們終於可以輕鬆坐下來時，我端起手中的咖啡，陶醉的喝了一口：「謝謝你沒有忘記我的咖啡時間，可是你並沒有問我要吃那一種甜點就上了兩份。」

她愣了一下：「這兩種我吃過，覺得還不錯呀？」

「雖然你覺得不錯，可是你並沒有尊重我。」我的聲音很輕柔，跟孩子談話語氣很重要，不能讓她先感覺你在責備，那她會自然產生防衛。

她表情有些尷尬，看著我。

「我覺得這次看見你，你讓我感覺失去耐心，有些煩躁，你是不是功課壓力太大？我並不希望你因為唸書把自己弄得緊張兮兮，除了讀書好像什麼都不對，我一直提醒你時間管理很重要，做不好時間管理，已經先耗損了自己極寶貴的資源。」

我當然不違背她的好意，吃下她端來的甜點。

「剛才在車上，你說我沒有尊重你對音樂的選擇。我是你媽，我必須說些話，除了我沒有人會跟你這樣說。如果我是好同學或順路搭便車的友人，你可以那麼說，但你車上帶的如果是長輩，你應該先問對方這音樂你喜歡嗎？不喜歡我可以換。這就是所謂的體貼，在別人眼裡就是『教養』，一個女孩的細膩或粗糙，被別人讚美一句有教養人家的孩子，差別就在這兒，媽可以不說你，但當你要進入上流社會時，別人會評估你。」

她大概知錯了，當孩子有所領會時，就可以停止了，再下去直到她嫌我們囉唆時效果就沒了。

「媽和你相處的時間愈來愈少，我最心疼的是你花太多時間去幫朋友，這點可能從小我給你不良的示範。助人是對的，但不是什麼都做，我費這麼多心思培養你，不是讓你去服務他們，你可以告訴他們怎麼做，而不是幫他們做好每件事，你幫人的方法是不對的，你幫得再多，他們不會覺得夠，該分工的事，就該讓大家分工，尤其是團體的事。」我有個熱心過人又不計較的女兒，完全是從小在我身旁耳濡目染的結果，但我必須提醒她，熱心過頭就是濫慈悲，慈悲是不能讓別人濫用的。

她間或插上幾句簡單的問話，大概知道她老媽是認真的。

「孩子，你千萬記住，你對人好，不等於別人一定會對你好，更不等於對方不會害你，這很殘忍，但卻是事實。」

「媽，師公說人來世間不是為享樂，活著是很大的功課。」星雲大師的話，她倒是記得很牢！

「既然認定是功課就要修持，所有的問題用智慧與願力都能解，先調養你的生息，氣平和才能順暢，自然就不急躁。」

女兒笑了，就像加州的陽光，如此燦爛。

用「電話」陪她走過每一天

用「心」不是口號，是一份真，一份努力。用真與努力培養彼此的默契與貼切，是為「心」。

從一九九三年移民加國，女兒才國小畢業，我因工作關係，經常離開她的身邊，可不論我在那裡她一定可以找到我，這是換取彼此的一份安全感。她知道不管發生任何事情，可以找到媽媽，而我知道她一切安好，無須掛慮。這個習慣一直持續著，這中間她在大陸唸一年重點中學，到美國南加大唸了大學與研究所，花掉的電話費多少也不曾估算，但會省別的錢花在電話費上，因為在她的成長過程中我不想錯失任何一天。我省下這些電話錢以後讓她花用嗎？那又有什麼意義？我寧願她和我分享每一天，不一定每天都是喜訊，都是好的話，但我們彼此學會用「心」對話。

我們的對話旁人聽來毫無頭緒，如：「曹阿姨的手術怎麼樣了？」曹又方開卵巢癌時。

「手術還不錯，不過還要奮鬥很久。」

「曹阿姨很有韌性，沒問題，過兩天我再打電話給她，艾蓓阿姨回舊金山沒？」

艾蓓來陪曹又方一個星期。

「還沒走，我不能讓她跟我住山上進出不方便，借了普門寺的廂房讓她掛單，她逢人就說我讓她住在尼姑庵，好像很委屈！」我因住在研究院對面的山坡上，進出不方便。

「告訴她沒讓她當尼姑就不錯啦！」女兒在電話那頭大笑，她了解艾蓓阿姨的個性。

她總是天南地北的說，但每一件事都是關心。她關心我，關心我周遭的人、事、物，如同我對她的關心。

「雙雙最近怎麼樣？有聯絡嗎？」雙雙是她中學的同學，她的父親出家去了，母親獨自帶著幾個孩子，很辛苦，我比較關心她。

「雙雙前幾天跟我聊天，哭了，好傷心。」

「為什麼？」雙雙是個開朗的孩子呀。

「因為她和建青分手了，你知道她和建青交往七年耶，從建青玩幫派，一直到他走出來，雙雙改變他的一切，費了很多心。可是，媽，你知道他們為什麼分手嗎？你一定猜不出來，是建青突然受洗成為基督徒，告訴她說因為他們信仰不同，不能在一起……」

「寶貝，你不要這麼激動，媽不是常說要多交幾個男的朋友，多認識彼此，不要認識一個男孩，就像要嫁給人家一樣，那太笨了哦！」

我和女兒的對話，旁人聽起來，像是很愛管閒事，其實我從關心她的朋友中了解她的想法、煩惱、問題，適時給予回應，她也從我和朋友之間的相處，了解我的為人，我們彼此學習成長。

「親愛的，你今年流年不錯，突然變得很愛唸書，而且桃花不斷，追你的人很多，好好把握機會吧！」

「媽，你說對了，突然一堆男生追我，可是現在的男生很奇怪，你跟他吃一、兩次飯，他就忘了自己是誰了。」

聽起來有點麻煩，我的女兒比較成熟，想來她要在南加大的同學中交個合適的男友還真不容易！

科技讓我們生活更方便，但有時可能是疏離。女兒曾建議：「媽，e-mail 很方便，又很便宜，我們寫 e-mail 就好了，不用每天打電話，很浪費耶！」

「不，不一樣，e-mail 聽不見你的聲音，我不要，還是打電話……」

其實我從女兒的聲音中辨別她的情緒，快樂、煩惱、有心事……我一聽瞭然，和寫 e-mail 是不同的！我堅持用電話陪她走過每一天，這個「浪費」是值得的！

（十五年前還沒有神奇的網路語音對話世界啦！）

媽咪，謝謝你

媽咪：

有好多好多話想要對你說，卻又不知如何下筆。每天在電話中，雖然都告訴你沒事，一切都很順利。但其實我有好多好多的心情想要與你分享。每當想起要移民前的自己，說誇張點，真的不由自主的湧出許多感慨。

記得那時候小學剛畢業，雖然卸下了一個擔子，完成一個階段，但面臨即將移民的考驗，真的不知所措。總是努力的記住每一個暑假的片段，以為以後再也不會有如此美好的回憶。每天都偷偷的幻想未來的日子該如何度過，把國外想成充滿考驗的城市，每天都在逃避要移民的現實，因為每當想起這件事，就有許多的徬徨、無助，甚至自己偷偷的哭，我知道你曾給我選擇的機會，既然選擇我就要堅持，相信不同的磨練對我的未來一定有幫助，相信這是很好的學習機會，所以我沒有放棄！

到現在，來加已一年半了，我不否認碰到許許多多的困難、挫折和考驗，但我沒有後悔過，我更領悟到你的用心良苦，畢竟不是每個人一生中都會有這些際遇和磨練的機會！

謝謝你，媽咪！雖然在這之間，我曾惹了許多的麻煩給你，讓你牽掛不已，但我相信在了解你的苦心後，我不會再讓你失望了。想告訴你，真的很慶幸能夠當你的女兒，你永遠是我最棒的媽咪！

愛你的寶貝

在孩子成長的階段，
我們需要跟上，孩子才不會迷失方向，
我們的用心耐煩，孩子會看見。

孩子，「名副其實」你懂嗎？

到醫院看病前，需路過一長排地攤，順手摸著一條羊絨長圍巾，質料很好，顏色也很正，攤主是位嬌小的小姐，問她價格也很便宜，指指身後的醫院，告訴她看完醫生再來買。等我看完病走出來，已不見她的身影，應該是警察來過，攤主們都把貨品收藏起來；我站了數分鐘，有些攤子陸陸續續擺了回來，唯有那嬌小的小姐仍然不見芳蹤，心裡有點難過，想著：「她是不是新手擺攤，運氣不好被開單，嚇得回家了？」

當然沒買到那條圍巾心裡也不好受呢！其他攤也賣圍巾，可就沒有那種質感。我逛了一圈正想回家，突然想起女兒曾對我說過：「在地攤上看上眼的東西就順手買，否則你很快就後悔了。」

逛地攤成了她回國的樂趣之一，她常同情擺攤者：「政府為什麼不規劃給他們牌照，讓他們繳稅？又不會因為不合法，地攤就消失。你不認為地攤是台灣的特色之一嗎？是對店家不公平，但有人願意吃大餐，有人願意吃路邊攤，政府該輔導他們，讓他們合法嘛！」

女兒的話也不是全無道理，只是為政者有點懶，也想不出有什麼好方法，所以始終跟他們玩著抓與放的遊戲。

想著她，撥了通電話：「你在幹麼？」

「我不太好，感冒了，快死掉囉！」聲音很低沉。

我消遣她：「這麼容易死，醫生賺什麼？」

「是沒那麼嚴重啦，只是藉著生病的理由告訴自己可以偷懶，暫時不寫報告，縱容自己亂吃東西補充營養，有一個生病的理由讓自己當藉口也滿好的。」她的歪理乍聽之下都能說服人。

「孩子，生命其實很脆弱，記得瓊芬阿姨嗎？她往生了。」

「就是跟你看同一個醫生，有時看病會碰到她的瓊芬阿姨嗎？怎麼會呢？她很努力耶！為什麼？」

「你的問題我都無法回答，我也不懂為什麼，她真的很努力……」我捨不得瓊芬的獨自辛苦。

「媽每次打電話問她好不好，她從來都說很好，她捨不得朋友分擔，捨不得家人分擔，參加她的告別式，她示現我人要活得很清楚、明白。媽覺得很慚愧，活得這等年紀不清楚，不明白，總被俗情遮掩。

瓊芬阿姨患病這四年做二十多次化療，直到兩千年年底，她放棄一切中西醫治療，她不願意再回去看中醫是因為所有的西醫療法，她已產生抗藥性，不可能只靠中醫來治病，看不好別人會把所有的錯怪罪到中醫身上。

她右邊胸部已潰爛見底；肋骨被癌細胞吃掉一節，深可見肺，她仍忍痛搭上飛機回澳洲看望兒女，安排後事，當她再回台灣，踏進醫院，連醫生都訝異她怎麼還活著，她是用毅力撐著呢！那是什麼樣的疼痛，媽無法想像在忍受這些病痛時，她還能如此清楚、明白。媽真的捨不得她獨自走過這一段……」談到瓊芬我仍然忍不住落淚。

「你別難過，瓊芬阿姨很有佛光人的精神，懂得把快樂給別人，痛苦自己承擔，她很清楚既然這肉身如此敗害，無法繼續修持，她就換個身體再來，你應該祝福她，你再哭她會很難捨哦！」

女兒是有福之人，從小在佛光山法師們的疼愛中長大，還有點佛法呢。

「媽，你前一次跟我說人要『名副其實』，我好像悟通了。」

「哦，這麼簡單一句話要悟這麼久啊？」

「聽起來很簡單，真的要了解不是很容易耶，人必須『名副其實』，『名過其實』或『名不副實』對自己其實很辛苦，沒有能力或能力不夠要坐在主位上，不但更顯出自己的無能，對別人也造成傷害。

我從你的朋友中發現有知名度、有成就的，他們的各方面真的都很紮實，很有內容，人也很謙虛，而我有一天在電視上看到一位知名度很高的女主持人訪問一位法國企業總裁，她思考的範疇裡都是『錢』，而那位年輕的總裁不耐煩之外，四兩撥千斤地回應她——除了利益，為人服務的精神很重要。兩相比較就知道『名副其實』了。」

「哇！真不賴，悟得真透呢！什麼時候回來？」

「下星期，不要太想我哦！」她很有自信呢！

忙、茫、盲

和女兒的對話中，從音調可以直接判斷她當時的情緒。「你今天聲音聽起來怪怪的，幹麼了？」

這時她會帶著尾音：「沒有啦，雪莉心情不好，我也被她影響囉！我真想不通，理查對她那麼好，真叫有求必應，可是她嫌理查太沒有個性，什麼都順著她，堅持要跟他分手。她和傑森交往，夠她受的，傑森多壞呀！自以為有什麼不得了，騙雪莉這樣，一下又要她那樣，可笨雪莉就相信他，還真在乎他，她真是欠他的，然後她受委屈就來向我哭訴。媽，你說她是不是自找的！這已經不是第一次，可是每次傑森再哄她兩句，她又忘了。我看了很生氣，媽，是不是每個人對自己的事都看不清楚，看別人比較清楚？」

女兒讓我最擔心的是她的濫慈悲，她永遠把別人的問題當作自己的問題。

我順口說：「你說對了，一個人的心很忙，忙著談戀愛，忙著討好新男友，她怎麼可能心靜下來，怎麼有時間思考？於是就心茫茫，不知對錯為何物，順著感覺走，再就是心盲，管別人說什麼，我就是聽不見、看不見，他對我來說就是最重要的，雪莉的例子很典型，別替她懊惱，總有一天，她會醒！」

女兒無力的說：「我只是覺得她很笨！」

我機會教育：「說不定哪一天我也覺得你很笨！」她笑了。

「有機會你幫雪莉介紹好的同學嘛！」

「媽，那很難，她在溫哥華，我在洛杉磯，你上次說要我替小茜介紹我學校的男生，她在波士頓耶！現在的人，離這麼遠誰要交朋友呀！」

想不到現在的孩子，遠還不交朋友呢！

「你自己多交幾個好了，只是交朋友嘛！免得畢業後要認識朋友就更難了，到時候我如果跟朋友說幫我女兒介紹男朋友，或相個親吧，聽起來有點怪耶！」

「你想太多了哦！不會那麼慘吧！」她反過來安慰我，這種事我總是點到為止，不加干涉。

我和一般的媽不太一樣，我永遠相信孩子說的話，做的事，即使有時會帶點疑問，我仍然相信，再另外找時間與她溝通。從小，我用「相信」與她相處，不管別人說什麼，從不影響我對孩子的信任。

我想，孩子是我們生的，我們養的，有什麼理由不相信他們？如果要從別人的口中來告訴你孩子的行為好壞，那失敗的恐怕是父母而不是兒女。

我對已經往生的養父，一生最大的感謝就是他永遠相信我是最好的，最棒的，即使有人向他告狀我的不是，他仍然深信我的好，這給我很大的成長空間，成就了我這一生。

女兒經常在電話中會關心的問：「你呢？你好嗎？」

「不好，心情鬱卒哦！很多事做不順，比以前忙，賺錢卻比以前少，經濟很差！」

「那怎麼辦？」她聲音似顯無辜。

「沒辦法囉，繼續努力吧！」我無奈的答。

「那我們省吃儉用一點，我不要在USC修暑假的課，我回溫哥華的哥倫比亞大學修，可以幫你省五千五百美元哦！」她故意逗我開心。

「好啦，你早點這麼會算，我可以省很多錢呢！」

哈，母女倆經常苦中作樂，她總適時的安慰我：「我知道你用『心』讀書活動辦的很辛苦，我上完暑假的課回去幫你，七月中吧！」

用「心」讀書，品嘗生命原味活動集中在七、八、九月的每個週末，在各縣市文化中心，統一企業主辦，佛光會中華總會協辦，由我在中廣主持的節目承辦，是個公益活動，鼓勵全民讀書，參加讀書心得徵文比賽。

「謝啦！打工沒有錢拿哦！」

「知道了，當你的義工，機票錢你付哦，再見啦！」

誰剝削誰已不重要，重要的是女兒的心和我在一起。

小鬼當家

媽媽：

你好嗎？我還過得去啦！最近認識了幾個讓我既羨慕又忌妒，卻又帶著一絲絲同情的朋友，夠矛盾吧！

該怎麼說呢？這些同學，父母移民到這裡以後，就因為事業上的需要而把他們放在溫哥華，房子、車子、錢一樣不缺。而溫哥華是個夜生活豐富，早上不到九點多不會醒過來的城市，這些人，很容易就變成夜貓子。沒有人會多問一聲出門什麼時候回家，更沒有門禁，晚上玩太累白天就請假。房子空在那兒，經常帶一群朋友回家過夜；想去哪，車子開了馬上就走；再加上金錢上根本不用有限制，買名牌名車都不用眨一下眼睛。但這些無形中就造成了許許多多的問題。

過這種生活方式只是一部分的移民學生，那其他父母在這的學生呢？他們理所當然沒有這麼自由。出去玩，在大家還未盡興時就必須先行離去，久而久之，要不就是失去了這些朋友，要不就是開始變成個性叛逆的翹家小孩。也許你會想，這種朋友，不要就算了，可是說愛玩，誰不愛玩？各種朋友多一個總比多一個敵人來得好吧？

就以我自己來說好了，憑良心講我並不壞，但我是愛玩的，那我要怎麼辦？我不願意變壞，變成翹家小孩；可是我更不願意好不容易你准我出去，不到兩個小時就要開始擔心九點多了，大家都還沒開始玩我就要請人送我回家？所以我真的覺得應該要公平一點；父母在這裡的，不如多給我們一些空間，以免物極必反；而父母不在這裡的，雖然不必每天查勤，但至少多關心孩子在做什麼，否則以後可能後悔莫及！

好了，抱怨完了，你可以不要理我了，繼續去上你的班吧！

羽兒

孩子認識不同的朋友，
開始有些複雜的想法，
媽媽要開始學會鬥智了！

宿舍、室友、搬家苦

這一生最恨的事情之一是搬家，從小因生活環境不佳，從租茅屋到表姐出錢蓋了一棟石頭屋，後因就學問題遷居台北，從迪化街、遼寧街、濟南路……已數不清搬了多少次家，只記得經常天未亮，就從睡夢中被養父叫醒，揉著眼睛坐上大卡車又睡，再醒時天已亮，新住處已在眼前。

一九九三年在溫哥華落地時，只提了兩只皮箱，九六年為了女兒上學方便從西溫搬到西區又是一個貨櫃。九九年夏天，開著女兒的車從溫市到洛城，帶著她往南加大就學的行李，對女兒說：「不要隨便買東西，免得唸完書又一個貨櫃。」

就我和女兒兩個人，扛著沉重的微波爐、電視機、一個碗、一雙筷子地買，她終於體會：「媽，這跟安置十口之家有什麼不同？」

當時她的室友是位猶太裔卻有黑人血統的女孩，雖然沒什麼交集，但生活習慣還算乾淨，每天客套的「嗨！」一聲，雖睡同一間房，但各過各的，也相安無事。

擾人的是隔鄰的四個黑人學生，每天放著超大聲的音樂到深夜，校方警告多次也無用，民主嘛！

其間女兒常說：「媽，我如果找到不錯的室友可以共租房子，我就搬離宿舍。」

「你怎麼知道室友好不好？」我很好奇。

「從交往中了解囉，性情不能太嬌也不能太驕，不能太小心眼，不能太計較，是很好的朋友，但不能太親暱……」

「你條件這麼多，誰跟你住啊？」

「與其以後每天吵架，不愉快，室友需要慎選呢！」她很認真的說。

算她運氣，珍妮果然是個好室友，最難得的是包容女兒養貓。珍妮也疼球球，當她進門時，球球會興奮的跑去她房間打招呼，挨罵時，會跑到她房間去避風頭，我常笑在心裡。

年前，因為珍妮全家移民洛城，不塞車的話離學校約四十分鐘車程，為了減輕家裡的負擔，珍妮暗示女兒雖然她不想搬回去住，但恐怕不能熬太久了，女兒又開始為尋找室友煩惱。

我腦中再浮現惱人的搬家畫面，賣溫哥華房子時，買方唯一的條件是一個星期交屋。等我回到溫市，離交屋時間只剩兩天，感謝好友莉莎已為我打包二十箱書籍，顧不得時差，通宵清理，所有傢俱連送人都來不及，通通進了貨櫃，離交屋只剩半天，找來清潔工從頭打掃一番，總算趕在最後一刻交屋。如果你能感受我當時的疲累，就明白我為何痛恨搬家。

「媽，我搬家比你更辛苦，你沒有找室友的煩惱啊！」

「哈，你找室友煩惱，我付房租更煩惱，你的房子每學期漲價，從匯率二十八塊多的八百美元，到匯率三十五塊多的一千美元，接下去漲多少我還不知道呢，誰比較煩啊？」

「好啦，好啦，不要抱怨了，我最愛的娘，我以後供養你嘛！媽，萬一真找不到室友怎麼辦？」

「又來了，我就知道，我搬去跟你住！」

「我才不要，你這麼囉唆，我們一定每天一吵，我去找沒有房間，一個人住的小小公寓，一個月多付兩百美金好不好？」

這世界真不公平，很多有錢人家的孩子不愛唸書，我的好友對兒子說只要他唸大學，就在他戶頭存一百萬美金，外加法拉利跑車一輛，他兒子就是不讀；有些孩子要讀書，家中卻供得很辛苦，有的甚至供不起，這世間哪有公平！

「孩子，你要不要考慮搬去琍敏阿姨家？」我試探著女兒。

「你確定嗎？那我每天要塞車兩小時耶！等月底看看珍妮是不是一定要搬回去再說吧。」

「反正不管你要搬那裡，媽會來幫你搬家囉。」雖然我打從心底討厭做這件事……

學習當撒嬌的父母

我的朋友都愛我的女兒，有些竟然像是她的朋友，大家覺得她很甜、很貼心。這一點我從不否認，不是當母親的驕傲，而是我目睹女兒一個階段一個階段學習來的。

第一個階段，她學習怎麼與我相處，怎麼營造我們共同的語言，進退的空間，不惹惱性急的我。

在電話中，我有時會情緒性的生氣：「叫你做點事，你永遠不會記得，讓你辦點事這麼難嗎？」

「你幹嘛發脾氣，我又不是故意忘記，這禮拜考試真的很忙，明天一定幫你辦。好啦！不要生氣啦！這太不像我媽了。」

這時有點想笑但不能：「你媽就不能生氣啊？」

「小心哦！生氣會有皺紋，會有白頭髮，那就不美了。」

我真的愛她天生樂觀的個性。

第二個階段，她學習如何讓她的朋友與我相處。我無意間聽到她在跟同學講電話：「我媽算是另類，在那麼多媽媽中她屬於很好溝通的，很特別，有些我們拿不定主意的事，她很厲害，小小分析一下，很管用，不信你下次找她，試試看就知道。」聽起來好像在考她媽媽的功力。

不過，我真的成了她很多同學的朋友，我跟這群生命力旺盛的孩子彼此學習。

第三個階段，也是最難的一個，她學會怎麼與朋友們的媽媽相處。以前總聽她在抱怨：「藍媽媽真是不講理，歐文要去看電影，又被她臭罵一頓。」

「傑克的媽真是恐怖喲，她把傑克的朋友都當成壞小孩。」

「那也不能怪她，傑克成績太爛了，她媽媽一定認為他交了一些都不愛唸書的朋友。」

「不是這樣的，她真的很怪……」

這些抱怨突然不見了，取代的是：「我送了兩本師公的書給陳媽媽，她好開心，自從她參加佛光會，知道你和佛光會的關係，她對我們好好，對傑克的管教方式也改變了。」偉大的星雲師父真是有佛法，宗教的力量真是了不起。

「我又送了兩本你寫師公的話緣錄給宋媽媽，我跟她說瑞奇成天往外跑，她在家太無聊了，可以看書，她好開心。」我的女兒竟然懂得用佛法廣結善緣，師公還真沒有白疼她。

「媽，你什麼時候把你寫過的書重新整理一下。」

「幹嘛，突然關心我寫的書？」

「不是啦，很多我都沒看過。」

「你不必看。」其實我知道她偷偷跑去溫哥華市中心的圖書館借我的書。

「我覺得你重新整理，出版成套，這樣排起來很好看哪！」

「怎麼，像汪洋中一條船啊？」

「不會啦！我會幫你推銷！」

孩子的貼心、甜蜜，大人要撒嬌才會有。當個撒嬌的父母有什麼不可以？要讓孩子知道我們也需要關心，我們也需要愛，誰說我們不需要回報？

我從不講冠冕堂皇的話，我是要求孩子回報的，告訴她我需要供養，這是責任。我們太久沒有告訴孩子們責任是什麼了，現在的孩子愈來愈少聽到責任兩個字，他們已經不認識責任是什麼，可這不是他們的錯，因為沒有人告訴他們，不管他們能不能做到，讓他們知道對父母是有責任的，對社會是有責任的！

我親愛的女兒說：「我知道，我會的，賺錢要供養你。不過，媽，我還是希望你有一個工作，這樣我才能向你借錢。」講完她得意的笑了。

我傳遞「責任」的訊息已達到。

我的女兒在戰區

回想九一一晚間約九點十分，正想進浴室洗頭，一個轉身，世貿大樓怎麼燒了？那飛機怎麼這樣開？意外的念頭湧了上來，CNN的播報員正說著：「緊急調查中。」我一屁股坐在沙發上，靜觀後續；接著第二架飛機衝撞第二棟樓，第三架進了五角大廈，第四架墜毀……

恐怖組織？孩子們呢？在紐約唸書、工作的孩子們呢？楊牧家的小明、小慧家的小如、鄧教授家的阿弟、卜大中的女兒、曹又方的兒子，他們都安好嗎？瞬間想起我的女兒，天啊！我的女兒在那裡？拿起電話接撥向洛城。

「媽，好恐怖哦！」她有些驚慌。

「恐怖份子做的事當然恐怖，平安就好，趕快幫我找小如、小明……」

「好啦！電話很難打耶！我剛找在世貿大樓摩根公司上班的朋友，已經聯絡不上了，至少有四千人在裡面呢！」她的聲音很感傷。

這是什麼悲劇啊！剎那間多少人的夢碎了，美好生活毀了，來不及履約，來不及互道再見，來不及……所有美好與不美好都來不及了……

當好的、惡的、善的、劣的都來不及的時候，當一切都來不及的時候，還有什麼重要的？還有什麼非要不可的？這人生的意義是否要重新定過？我開始思索這簡單而沉重的問題。

女兒回了電話：「你放心，大家都很好，只是一片灰天黑地，學校也停課，紐約從來沒有這麼落寞過。」

「他們可以先到別的城市嗎？」

「你忘了機場都關閉了，熬幾天再看吧！」

「你那個朋友找到了嗎？」

「找到了，但他說一下子六、七百個同事不見了，心情很複雜，媽，你能想像嗎？」

我含著淚水沈默了，不能，我不能想像。

「你學校呢？」我定定神，轉了話題。

「停了兩堂課，還好，警衛很多，街上警察也很多。」

這是大事，一件國際大事，每天都有後續，美國國內一片主戰聲，問題是敵人在哪裡？

「你們學校中東來的同學怎麼樣？」

「沒差啦！還不是一樣，他們也很無辜啊！就像炸毀兩棟樓死了近四千人，那四千個家庭不是很無辜嗎？就像打阿富汗，死的都是平民百姓，問題是平民在那個政權下被欺壓了二十多年，也沒有那個國家關心過他們，怎麼打仗時死的又是百姓？對他們也是不公平的呀，只是誰叫他們活在那塊土地上，必須為那個爛執政者的政策承擔風險，台灣現在不是一樣嗎？執政者的爛政策，承擔後果的就是百姓啊！」她咄咄逼人。

「唉，我的女兒好像長大了，開始發表政見了！」

「嘻嘻，沒什麼啦……」

美國的九一一，台灣的九二一經過一段時間後，只是傷害仍然持續著，散播炭疽菌的恐怖行為隱藏在暗處，再下去自由、民主、樂觀、開朗的脆弱美國人會得精神病！

女兒住處的大樓早就不收包裹了，部份美國人開始仇恨中東人、伊斯蘭教徒，甚至出現不理性的行為。宗教本身無罪，伊斯蘭教原是主張清貧的宗教，但任何宗教只要被極端份子利用、扭曲，也就很難還原。

九十歲的老媽媽一直囉嗦著：「真的危險就把女兒叫回來。」「才剛開學，註冊費很貴呢！」嘴裡雖這麼說，心有些煩，好友說：「你煩什麼？」

「我的女兒在戰區耶！」

「喲，在戰區又不是上前線打仗，煩什麼？」她譏笑著。

買了一張半價的旅遊機票，決定探望女兒。

接機時，女兒回我：「你要找誰嗎？」

「我要找的人已經找到了。」我望著她。

「那你還要辦什麼事嗎？」

「沒事，我只是要當面告訴你，一旦發生任何意外，即使我們彼此沒有見到最終一面，你必須知道媽媽很愛你的，在那剎那，美好與不美好都來不及，但你要記住媽媽是非常愛你的……」

她始終沒有出聲，直到開上高速公路：「嗯，兩個人，車就可以走快速道了，有媽媽真好。」女兒不經意地有她的幽默智慧。

媽媽、女兒、寵物

手機響了，自從規定開車不能使用手機，我就隨它響，因為我也不習慣用耳機接聽，耳機線拉來拉去會比較安全嗎？我有些不解。

又響了，煩，把車停在路邊：「幹嘛，等下打不行呀，我就知道是你。」想也知道是女兒，她要找我時一定非找到不可。

「當然不行，我很急耶！賴利要回台灣當兵，我想收養球球，拜託啦！求求你。」

「又來了，你功課那麼忙，養隻小貓誰照顧，放長假你出城時牠怎麼辦？」我突然想起好友婷婷，出門時把貓寄養在寵物旅館，一個月後她回來抱怨的不是昂貴的費用，而是貓好可憐，像得自閉症，因為沒有人陪牠玩。

「不會啦！我一定好好照顧牠，我的室友也同意，我的同學都願意在我出城時輪流餵牠，不會有問題，拜託啦！」算是苦苦哀求吧？

從移民溫哥華，女兒就吵著養寵物，我一概拒絕，我不喜歡，因為我怕牠們老、死、分離，那種感覺我不喜歡，記得楊牧的太太養了一隻小狗麥克斯，好可愛，我常笑稱是她的小兒子，幾年後突然得癌症去逝，夏盈盈如失至親，楊牧在電話中對我說：「看她以後敢不敢再養！」

我太了解我的女兒，兩歲時，看著電視卡通小蜜蜂，眼淚嘩啦啦往下掉，我問：「怎麼了？」

「小蜜蜂找不到媽媽，好可憐！」沒說完繼續難過地哭。

孩子真是從小看大，她那濫慈悲的個性沒改，我一再提醒她凡事不要太濫情，我始終擔心她太受傷。

「親愛的女兒仔細聽，收養球球是一件大事，牠會改變你的生活，因為牠和你共處一個空間，你對牠開始有責任，就像一個小孩，不只是供吃，要清大便，要維持牠的乾淨、要照顧牠的情緒，病痛與安全……」不等我說完，她一味的回答：「我願意，我會。」好像承諾婚姻的誓言。

她在週末買了一張機票專程回溫哥華把球球帶到洛杉磯，迎接家庭中的新成員當然很多的設備也跟著進門。女兒有牽掛的日子才開始。

球球是一隻銀白長毛的波斯金吉拉貓，確實很美，牠的性情很特別，愛撒嬌，愛人陪牠，有點黏人，比一般貓的孤芳自賞不理人的性格可愛。我的意思是球球的性格不像貓，因為賴利養牠時已經養了狗，球球跟狗一起長大，所以球球有狗的性情，老實說比一般貓可愛多了。

屋子裡住著女兒和她的室友珍妮，珍妮也很疼球球，逗牠玩，幫牠買玩具，但球球很清楚誰是牠的主人，儘管牠看珍妮回來會迎上去，會跑去房間跟她玩，但牠總是找女兒要吃的，跑女兒房間打轉，在她腳邊陪她作功課直到天亮，女兒去上課，牠就安靜地睡覺。

有了球球女兒扮演起母親的角色，很甘心地幫牠清大便，這是球球認定她才是真正主人的原因，牠規矩很好，在固定的地方大小便，牠很愛乾淨，一天到晚用舌頭舔盡全身，女兒常送牠去剪指甲、刷毛，打了蝴蝶結，漂亮地回來，我常笑稱是進美容院。

有天，我和女兒一進門，笨球球警覺性不夠，竟然來不及從女兒床上逃走，女兒生氣的丟下書包，追著牠狠狠地打。

我大聲吼著：「你幹麼打牠？你比後媽還兇狠。」氣極，忘了這話會傷了善良的後媽。

她還是很生氣地回我：「我管牠的時候你別管，我不准牠跳上我的床，牠明知故犯。」

這一幕像極了女兒不到三歲時，有次我氣不過，拿著細竹條打她的小腿，打得一横一横，我媽在一旁罵：「你這夭壽仔這麼狠心，你小時候我也沒這樣打你……」

我竟然和女兒相視笑了出聲，笑出了眼淚，她一定懂我在笑什麼。

女兒望著我，有點挫敗的坐在沙發：「我現在知道養個孩子有多難了。」

我握著她的手調侃著：「這樣就知道了？還早呢！」

果不然，電話那頭焦急的聲音：「媽，球球病了，發燒，有點瀉肚，不知道中暑還是……」

「怎麼回事？看醫生沒？」我也心急。

「看了，我帶牠回溫哥華兩個月，大概回洛杉磯太悶了不適應。」

「球球生氣了，我從台北回來，牠看到我就跑開，我叫牠都不理我……」女兒有點難過。

養了貓，女兒更懂得關心、體諒、慈悲。

我對朋友們說：「可能的話讓孩子養貓或狗也不錯。」

到底生、老、病、死是一生的功課，

逃避不了的，

何不讓孩子提早體驗生命的成長、責任與喜悅。

活力、競爭、欣賞與分享

電視新聞報導著某幼稚園讓小朋友選市長，參選的小小朋友在台上口沫橫飛，又是抹黑、又是打壓；台下各班的小小支持者，拿著惱人的喇叭又敲又吹，嘴裡高喊：「凍蒜！凍蒜！」老師們得意地在一旁咧著嘴笑。我嚇得目瞪口呆，我們教導下一代的民主選舉是這樣的文化？不但可怕，更是可悲！這也是台灣奇蹟嗎？領導人示範什麼，社會呈現什麼；百姓接受什麼，下一代學習什麼；恆古不變的道理，令我毛骨悚然！

孩子們非常容易被周遭環境所感染，不論好或不好，再說台面上的人示範的盡是負面，我們有什麼資格告訴孩子好或不好？

女兒進入USC前，坦白說我不認為她很愛讀書，其實她根本不太懂得讀書的真義，只是因為大家都在讀，上大學前我常說她很「混」，雖然她總回我：「你以為這麼容易混？」但大致來說她是靠點小聰明，用她的小技巧在讀書。直到進入USC，很快的，我看到她很明顯的轉變，每天給我的電話總是提到誰好棒，誰的小組研究特別出色，誰在小組的工作態度特別好，誰的基金又賺多少錢，誰的領導能力受肯定……從她的言語中我完全了解她的校園中充滿活力、學習、競爭與欣賞；最不容易的是欣賞，他們懂得欣賞彼此的優點。

有一次分組作業中，女兒與一位高傲的ABC男同學同一組，這個男生很優秀，自視甚高，找盡女兒麻煩，為了一個很冷僻艱深的字糗了女兒一下。我家女兒生性好強，不甘示弱，找來各種資料佐證這個字她的用法是對的，直到分組作業完成，女兒在班上作簡報，老師在課堂上讚美她，她才興奮地覺得自己贏了；而那高傲的男生在下課後也讚美她表現得很棒，我跟女兒說這男同學的風度、氣概值得鼓勵。其實我完全明白這男同學找她麻煩是因為他有意追求咱家女兒，咱家女兒不愛也不想回應，他趁機找碴吧！

女兒也同意我的看法，這男生的氣度值得學習，而後他們也彼此客氣的當同學，不再找麻煩。

女兒到底是學大傳的，懂得跟她的老師、教授們做朋友，找他們聊天，了解他們在校外經營的公關公司、電視製作、企業形象的塑造等不同的工作領域；也懂得請老師介紹校外的資源，有一次為了個案，教授介紹她去迪士尼公司找他們的公關部門負責人面談。她嘗試不同的經驗與收穫，快樂地當USC學生。

說實話，四年大學千萬的費用是一個家庭很大的壓力，好不容易熬到她大三了，我每天祈求她可以提早畢業；她居然提起：「媽，我很想去英國交換學生一年耶！」

我楞了一下，輕輕地說：「歐洲的大傳比較重視理論。」其實我下面沒說的一句是：「如果你不從事研究工作就不必去了，趕快畢業吧！」

她看我沒有很熱絡回應，自己接著說：「其實選課上有點困難，我再努力看看了，只是很想做這件事，不一定要去，但我如果沒有努力爭取過，我以後會後悔。」

女兒經常有怪想法，我都尊重，包括到香港或上海交換學生與實習，我總是適時給她意見，讓她自己思考與選擇。她最後做出的結論也都滿符合我的理想。

「媽，我能不能求你再讓我多讀一年，一年我就可以拿到碩士學位，我人已經在這裡了，多一年就可以唸完……」又來了，當她的媽神經線要夠粗，否則經常會被嚇到。

「不行，自己去打工，你可以唸兩年……」

好友趙翠慧在一旁搶過電話：「不要管你媽，小慧阿姨無息貸款給你。」

「唸書很貴耶！」我搶回電話：「你可以一面工作一面唸，唸兩年，不夠的我再貼補，好嗎？」

她在電話那頭笑開了：「先跟小慧阿姨說謝啦。你們兩個太可愛了，繼續吵吧！」她掛了電話。

結果是她很努力的一年唸完碩士班公共政策的學位，我乖乖的付了學費！真的是不長進的媽！

在孩子身上看到自己

女兒從小一心一意要攻讀大眾傳播學院的志趣，直到在南加大面臨選擇碩士課程時始終沒有改變，我明知是個具挑戰與辛苦的工作，但沒有阻止她，一路走來有的只是引導她多接觸實務、多思考。

她凡事思考的習慣有時讓我感動，她是適合從事大傳工作的。在電話中聊起交友的事：「你真的不考慮交個男朋友？」問這話實在太不像我，我從不干涉她的交友情形，是因為我相信她的選擇有她自己的思考。

「親愛的媽咪，放心，有很多男生追我，也有幾個非常棒，但我真的功課很忙，大傳的課很重；還有很重要的是家裡太有錢，家庭環境太好的我不敢接受，我覺得要找一個跟我們家的環境背景比較相似的，這樣我比較沒有壓力……」

「女兒呀，你媽很窮耶！你真的要找一個很窮的人家？」我嘴裡開著玩笑，心裡好安慰，她的想法真的很健康，沒有因為自己漂亮標緻的外表，聰明幹練與名校的資歷而讓自己異想天開，好高騖遠，我真的可以放心地不再過問她交友的事。

我要求她落實每一件事，從小沒有放過她，她十三歲我就把溫哥華的銀行帳戶交給她管理，有時丟三落四，我總跟道明銀行的蘇太太抱怨她做事沒有心，不用心；而蘇太太也為女兒反駁：「她已經很不錯了，我自己的帳戶有時都還出錯呢！」

其實我對女兒別人看似嚴格的要求，是因為我太了解她不專心的個性，典型的天秤座，她太像我，連星座都一樣，兩人經常同時講出一樣的話，試想，還有誰比我更了解她？我在指責她時，其實就像看到自己的缺點。

當她爸爸總在電話中對我細數她的不是時，我忍不住對他說：「你是她的爸爸，你對她有不滿應該自己告訴她，不是告訴我，別忘了，我是她媽媽，你老在一個媽媽面前批評她的女兒，你覺得當媽媽的情何以堪？你總該學會怎麼跟她溝通吧！你是她爸爸，不是她的敵人，幹麼總是批評她？」

當我說這話時，就想起女友們的抱怨：「天底下當爸爸的很奇怪，他們大多數把孩子當玩具，高興時把孩子找來親親、抱抱、玩玩，不高興就不理了，教育孩子？跟他那有關係，他們只對太太抱怨孩子不乖、孩子沒教好……」

當然，我也嚴肅地告訴女兒：「你只有一個爸爸，雖然不管你幾歲他總當你十二歲是很討厭，但他還是你爸爸，你應該學習當女兒，然後請他也學習當爸爸，懂嗎？」

我的招數果然奏效，他們彼此的抱怨終於變少了。

好友的女兒比我的女兒小六個半月，她哀怨地說：「我的女兒到現在不知道她為什麼要讀書，我告訴她要讀書以後才能工作賺錢。」

我沒有正面回答她的問題，她的女兒一定不懂為什麼要讀書才能賺錢。原因是我的好友和她的先生皆年近五十，她婚前工作，婚後沒上過一天班，她的先生更是好命，這一生的工作不超過二個月，他們的孩子沒有看過父母親上過幾天班，他們二人學歷並不高，但有花不完的錢，試想，她的孩子怎麼能懂得為什麼要讀書才能工作賺錢呢？

這世間有些事也還公平，當我們付出，得到收穫才能感受到快樂，記得我帶女兒考駕照時，她一次就考過，興奮、激動的紅了眼眶：「媽，我好久沒有這麼快樂的感覺耶！」

我親了她一下：「因為這是你自己真正付出而得到的收穫，這種快樂的感覺是不同的！」

她第二次有這種快樂欣喜的感覺是在收到南加大的入學通知時，因為這是一所她最想要的學校。

我們從孩子身上看到的，
其實是我們自己，
不管是好的或不好的，
希望我們真能懂。

孩子的壓力我知道

心裡正想著：「女兒今天考試，不曉得考得好不好？」

那頭電話響起來：「寶貝，你真有默契呢，我正在想你考試一定考得很爛。」

她笑了：「你怎麼知道？真不愧是我媽，不能怪我，這個老師太奇怪了，她考的題很特別，那什麼題目啊？」

「哦，考不好還怪老師題出得不好呀！」

「媽，徐伯伯和徐媽媽來過了，我有請他們吃飯耶！徐媽媽好開心，她說這幾天都沒有吃到好吃的東西，應該早一點來找我就對了。」她故意扯開話題。

我家女兒真能幹，我不在家，家裡客人一樣不斷，她都能打理。

「他們玩得開心嗎？」

「還好吧。」

「我覺得徐伯伯退休後變得很寂寞，他們家不像以前門庭若市，送禮請託的人絡繹不絕，又沒有什麼知心的朋友跟他聊天，他的隨員也不敢隨便跟他講話，他看起來好像很不快樂。」

「媽，我覺得他根本不懂得什麼是快樂，所以他也沒有感覺不快樂，你不必替他難過，說不定他要的快樂跟我們不一樣。」

女兒這句話重重打了我一下，我們常用自己的感覺、標準看事情、講道理，但不一定是對的，每一個人要的不同，標準當然也不同，想想也就替老徐釋了懷。

「媽，我很想跟你談談我畢業以後怎麼辦？」

「畢業？還早呢，你操什麼心！」

「我覺得以前你們只要努力，肯用心就有機會，可是我們現在愈來愈難了，競爭愈來愈大，很努力不一定會有機會，大家都是高學歷、電腦e世代取代了很多人力，想想很煩呢！」女兒的聲音聽起來情緒很低落。

全世界經濟衰退，失業率不斷上升，這時談就業與成功的問題是有點時機不對，既然女兒提了就順口聊聊吧。

「對，媽不否認當年我們只要努力，成功的機會比較多，但也不表示這個世代就沒有成功的人，任何世代有不同的機會，不同的成功典範。現在這個競爭畸型的世代除了努力，智慧很重要，EQ很重要，這是成功必須加入的條件，你的思想比別人快，比別人精準，你成功的機會就比別人多。」

「現在的大人是不是覺得我們很頹廢，很不長進，醉生夢死？可是你們沒有想過其實我們的壓力比你們大多了，我們常常在逃避壓力下，暫時丟掉自己。」

「哎呀呀，什麼叫暫時丟掉自己？」這名詞很新鮮。

她嘿嘿嘿的笑：「比如說幾個同學今天都不想唸書，也不想做什麼，那就看電影吧，假裝自己是劇中的瘋子也好，女主角也好，小偷也好，反正不是生活中的自己，哭哭笑笑也是紓解壓力的方法。」

「聽起來還不錯，應該可以減少些憂鬱症和躁鬱症的病人。」我調侃她。

她的話，其實提醒了我，不可否認，我們經常看到在街上晃蕩的孩子，流連網咖的青少年，搖頭舞廳進出的年輕人，總順口一句：「真不長進。」

我們忘了思考原因，忘了思考解決的方法，忘了思考如何協助他們，如何減輕他們隱形的壓力或懞懂無知的心性。

我們必須承認孩子也有情緒與壓力，必須用方法紓解，有人協助，而那個人是誰呢？

媽媽咪呀，我被壓死了！

我最最最親愛的母親大人：

如果問我：「你快樂嗎？」的話，我想我會說：「我很快樂！」這裡真的是非常適合居住，尤其是將終身「寄託」給加拿大政府，你絕對不會有「離婚」的念頭。可是，除了快樂之外，我當然也有我的煩惱，聽我慢慢向你道來……

很多老師都說我是個遇強則強，遇弱則弱的學生，有許多尚未被開發的才能；我想這句話對我應該是很貼切。因為就連對人的方式我也是因人而異，什麼人該對他嚴肅，什麼人該幽默，什麼人該可愛，在我心裡都有一種自然的反應存在。說好聽一點就是懂得察言觀色，難聽一點就是大家說的「雙面人」甚至「多面人」。也因為遇強就得變強，自己給自己的壓力就變得好大好大，若不能事事盡善盡美，就會好失望好沮喪。

壓力，在能收放良好的情況下，是努力上進的泉源，在失控又沒有優良的環境時，就是學壞的最快途徑。也就是如此，我控制得好累好累。前幾天，在上課時就因為聽不懂老師講的，我就哭了。我那個時候真的好希望可以把所有的英文底子全部管它用「塞」的，或用「吃」的，反正在一夜之間就能全部學會，明知是在幻想，但還是滿心期待。結果當然我還是必須自己持續努力。

來這段時間裡，常常感到快被自己壓死時就大哭一場，心情跌到最低點，有時偷跑去淋一場大雨，什麼都暫時忘記。適應一個新的環境，畢竟是困難，像我在台灣時，功課算是不錯的，突然老師說的話也聽不懂，講義、筆記，就連考試也看不懂，一點也不得心應手，可說是「處處撞到牆壁」真的很不好受。

現在，仔細一想，你若叫我回台灣重新開始，雖然進度才落後九個月，我也不想，多可怕的聯考！所以「壓力」算老幾？

前幾天透過王媽媽，問到家教中心的電話，找到一個哥倫比亞大學畢業的年輕女生，現在在北溫公立學校教書，聽起來條件還不錯，所以我擅作主張，請她下個禮拜先來試教一下。希望是個跟我合得來的美女老師，我也很喜歡欣賞美女呢！

想你的女兒

這樣的磨練有些殘酷，
但，孩子，你要勇敢啊！

半途而廢的才藝

女兒自幼缺乏耐性，兩歲半花當時每月一萬六千元的學費去上蒙特梭利學校，就是想調整她的耐心，但回想起來功能不大。

去YMCA學游泳，被老師丟到水裡，生氣地說不游了！跟美娃娜老師學芭蕾，四歲就練劈腿，從半空中跌下來，把我嚇到；去雅姿學韻律舞，也沒太大耐心；三歲半許老師到家來教她鋼琴，她厭煩總是彈相同的一首曲，那時她已學會唱一百多首歌！因蒙特梭利是雙語幼稚園，上小學後又送她去一所知名語言學校學美語，並找了一位在師大學中文的外籍女生蘇珊住在家裡陪她說唱逗樂，從小就看她聰明靈巧，卻沒有恆心與長性。暑假從溫哥華回來，告訴我要學吉他，吉他王子蘇昭興老師破例收她為徒，還為她割捨一把收藏的手工吉他，也沒看她真正用心；去大連唸高一那年，要求學聲樂，在當地找了一位專門訓練聲樂比賽的名師，結果是老師很用心，可她學會歌唱的技巧就不學了！

女兒生來手巧，每一個看過她那雙手的人都覺得她不練琴太可惜！無奈，練琴需要堅持與耐心，正是她欠缺的，她很會唱歌，因歌唱會了就是會了，很有成就感，而鋼琴相同的曲子可能要彈上百次，她總是皺眉頭問：「我已經會彈了，為什麼要一直彈一樣的？」

十四歲就會自己修指甲、擦指甲油，比專業的美甲師修的好，我說：「你這麼會修，幫媽指甲修一下。」

她望著我，露出無辜的表情：「我只會自己修，不會幫別人剪啊！」我確定她不會去當美甲師！

孩子在成長過程中，會有一百個興趣，多數父母也會像我一樣滿足她的好奇。我的主張是喜歡就讓她學，但別懷抱太大希望，也不要給壓力，既然是興趣就隨其興所趣；有些父母太在意成果，反而讓孩子畏懼不前，失去很多成長中的學習樂趣，不要計較孩子花錢到底學會什麼，只要經濟狀況允許在學習過程中總會有不同的收穫。

我們攜手一起向前

那一天，我走進她的房門，她的眼神投向我，她知道我要跟她說什麼，這是件嚴肅的問題。剎時在那眼神中我驚覺她長大了！

只有三家電視台的年代，總讓她坐在懷裡陪我看新聞，邊告訴她新聞事件的意涵；電視上唱著國歌，經國先生在閱兵揮手，她說：「長大要當總統夫人。」我愣了：「為什麼不當總統？」，「當總統夫人可以管總統啊！」她是有智慧的。

兩歲半，從幼稚園下課回來，她哭鬧討要買玩具，我不回應，她動手打我，為要她說一句對不起熬了四小時，拿了家法打在她細嫩的小腿上，兩條紅紅的細痕，心很痛，但我知道那天我不用家法，以後我無法教育她。

她自幼機伶，三歲看打掃工人打破櫥櫃玻璃，就站在廚房門前：「阿姨，你要小心一點。」比我管的還多呢！她邊幫阿姨把衣服放進洗衣機，邊說：「我就剩下不會燙衣服了。」阿姨笑了：「你如果連衣服都會燙，那我混什麼？」

四歲帶她去馬來西亞，好友贈一尊一尺半高的德化白瓷立像觀音，非常精美，指尖細長，因打包並不完好，讓我極度擔心，一再交代航空櫃檯小姐小心運送，她在旁觀看，淡淡地對我說：「媽咪，菩薩會保佑祂自己的！」我瞬時鬆了口氣。

五歲，看我跟她爸爸不愉快，我因不會吵架，生氣落淚，她拉著我的手：「你要愛你自己，別人才會愛你呀！」她簡直是我的菩薩，總適時棒喝我；好友故意逗她：「你媽媽不要你了，自己跑出去玩了！」她哭著反駁：「才不是咧！我媽媽工作很辛苦，她不是去玩！」

小四，我整理她書桌，看她跟同學互傳的紙條，同學寫著：「你媽媽真討厭，為什麼不讓你跟我們去看電影？」她回寫：「我媽媽也是為我好……」看了心裡很安慰。

小六，加拿大移民紙的期限快到了，我還猶豫不決，是一個曾經在家幫忙帶她的阿姨，突然打來一通讓我驚恐的電話：「鄭小姐，你要小心娃娃的安全，我偷聽到我先生跟他的朋友要綁架娃娃……」

天啊！我不知如何求助，在附近警局報案，讓他們加強巡邏，讓樓下管理員提高警覺，讓學校校長告知老師與門衛，但我還是不放心呀！等她畢業典禮代表畢業生致詞完，我就直奔機場，我必須把她帶離這個不安的地方，我的朋友從不知我為何要移民，這件事從沒對任何人提過，二十年過去了，我仍然惦記那乖巧卻苦命遇人不淑的可愛阿姨！染毒的人是沒有人性的，那苦命女人和她的孩子是否安好？

換了新環境，她的活潑樂觀本性依舊，有天下課回來，突然跟我說：「媽，你千萬不能像我同學的媽媽那樣，肚子比胸部還高！」

「哦，你這話好惡毒呀！」但也感謝她這句話，常常警惕自己，讓我能維持身材數十年不變！

一九九六，高一那年，我連哄帶騙攜她落腳大陸東北的大連市，我希望她親自感受一下在當年那樣的環境下，有一群人過著跟她完全不一樣的生活；剛開始，她天天以淚洗面，我說：「眼淚不能解決問題。」她終於想清楚後真實面對。

教育電視台拍了她的專輯，收到不只兩千封信，我看她回了其中一封，我問：

「為什麼回？」

她說：「這小弟弟很可憐，爸爸過世，媽媽生病不能種田，他必須替媽媽下田，所以他就無法上學了，他說別人都看不起他，他沒有朋友。」

「你怎麼回？」

「我告訴他，我可以當他的朋友，他一樣可以唸書，不會的就去問別人，我願意幫助他……」這時，她學會慈悲心。

一九九七年九月，她回到溫哥華，跳升十二年級，年底，寒風刺骨，開車陪她去西雅圖華盛頓大學的考場考 SAT，她決定提前申請美國大學，我英文不夠好，也不知考試該準備什麼，到了考場臨考前，她急得跑出來跟我說：「媽，要有錄音機！」

錄音機？臨時去那裡找？我慌了。

「趕快找人借！」她比我冷靜，我跑進教授的辦公室，不認識的人也開口，可惜他們都沒有！女兒急哭了，快跑到另一棟樓去借，終於有奇蹟出現。她破涕為笑，匆忙跑回考場，真是菩薩加被！她的冷靜、堅毅在這次事件讓我感受！

一九九八年二月，她接到南加大的入學信，笑得好燦爛，那是她夢寐以求的學校；回想這一切，頓然發覺我們是攜手慢慢一起長大的！

女兒是我一生最大的成就與滿足，她長大了，現在天冷送來發熱衣，聖誕節前送來耶誕樹、薑餅屋，所有節慶她總貼心地張羅，這樣的善緣，相信會延續到下一世，讓我們再結情緣！

Chapter2

小女孩的心事：寫給小P

小P是一隻很可愛很可愛的玩偶小豬，
是小女孩心中的知已，
不能跟媽媽說的事，不想跟別人說的事，
只能告訴它！

小P請保管我的秘密

Dear 小P：

不要怕，寫信給你只是一種突發奇想，也許是我想找個可以完完全全傾訴的朋友，至少可以當一下真實的自己。

以前也曾有過幾個筆友，他們也都不曾出賣我，可是囉嗦的媽咪就說什麼女孩子不要落太多信件在別人手上。也許是怕我吃虧，但我不喜歡擔心這麼多，不喜歡，不喜歡啊！唉，可憐的我，母命難違，只好把感情和寄託轉移到你身上。先說好，不准和任何人告密！

我信任你，不准讓我失望哦！

我有告訴過你我很喜歡做的一件事嗎？應該沒有吧！答案是「照鏡子」，我不是自戀狂哦（大部分來說不是）——我是被一位絕世美女影響到的——奧黛莉赫本。她曾經說過，人的美來自於「自信」，而她讓自己變得更美的方法就是看著鏡中的自己，然後自信的一笑且對自己說：「赫本，你愈來愈美了。」我不知道是否真的有用，但我也愛上了自己坐在鏡子前面的時間。看著鏡中的自己，對著它講話，喜怒哀樂，表露無遺，那應該是最真實的自己了吧！如果連對自己都不能坦白我真的會覺得自己虛偽得可怕！

今天的自己，在鏡內，似乎顯得有些「興奮過度」，找不到不開心，這樣才像我嘛，我喜歡！

好累了，想睡了，你也該睡了吧！祝你有個好夢，也祝我自己愈變愈美麗！

好在當年沒有網路社群，
媽媽不用擔心太多！

叛逆

小P：

你的叛逆期到了嗎？我想現在就該算是我的叛逆期吧？動不動就想出去玩，媽媽不准就想辦法溜，雖明知最後一定會被我那過分聰明的媽抓到，卻依舊我行我素，我不是故意的，但總覺得自由太少，為什麼每個人都那麼自由，而我卻不能！

或者應該說，從小，媽咪就用不同的方式來教育我，她希望我比別人特別，比別人出色，望女成鳳的心我能了解，但我也想追求一些同學們所做事情的權利呀！

其實很多標準，我漸漸的改變了，以前認為是壞小孩做的事，慢慢的覺得也沒什麼嘛！跟媽咪爭說抽菸的小孩不是壞小孩，這實在是因為太多朋友抽菸，而這些朋友對人又一個比一個好，真的不能怪我這樣想！

其實我已經不該有抱怨了，因為來溫哥華前，我是大門不出二門不邁的，可是人是貪心的，眼看同學們的自由，不禁又眼紅了！

媽咪一直認為太常讓我出去，心玩野了就收不回來了，其實與其如此，她為什麼不放我去玩，玩膩了我就不想出門啦！我有很多朋友都是這樣變乖的，但若限制愈多，管得愈多，我想出門的念頭就愈深，且不想回家的感覺愈重，就連在門禁以前到家都會站在門口等到最後一分鐘再進門，所以請媽咪考慮再放鬆一點嘛！小P一起幫我求情哦！

孩子抽菸變成某種象徵就不好，
大家在一起玩野了就不對，
連在門禁時間前到家都要站在門口等到最後一分鐘？
你在想什麼？跟媽比酷呀？

媽媽默許的違規

小P：

你知道嗎？你知道列治文哪裡好玩？除了唱歌、看電影之外，我最鍾情於Night Club，別驚訝，我知道照規定我是不能進去的，因為裡面賣酒，而我是Under 19，但中國人有錢好辦事的方法是有用的！進去之後，不用感到Surprise，因為幾乎一半以上都是我的年紀或大個一、兩歲的朋友，不用大驚小怪啦！大家都是Under Age。

Night Club有什麼吸引力？那種很多朋友在裡面，熱熱鬧鬧地跳舞、玩鬧，一起瘋的感覺真的很棒，好像與事隔絕，讓我忘掉壓力。

你一定很好奇媽咪怎麼會讓我去那種場合，其實一開始，我當然是自己想辦法溜出去的，後來就被知道了，我猜媽咪是認為她禁止我去，不如轉暗為明，搬到檯面上來說，你要去可以，十二點以前要回家，天啊！雖然讓我去了，但她難道不知道不到一點，根本不會有人去跳舞嗎？而從一點到兩點這打烊前最後一個小時，才是最精華的時刻；十二點回家，跟完全沒去過有什麼不同？可是媽咪做得很漂亮，她都已經讓我去了，若我再要求什麼好像是得寸進尺，我只好乖乖地把嘴巴閉上，等待她哪一天再發慈悲，放寬我的門禁！

有機會，偷偷帶你去，你一定會愛上那裡哦！

給孩子犯錯的機會，
成長的空間，
在父母用心的關注下，
犯不了大錯的！

想談戀愛

小Ｐ：

你今天過的開心嗎？今天在學校好無聊，所以借了幾本愛情小說來看。看到自己都可以當編劇了。我就像神算一樣，劇情中什麼人會發生什麼事都一清二楚，厲害吧？可是你知不知道看小說的後遺症是什麼？想到白髮蒼蒼你都猜不出來的，是想談戀愛啦！

特別吧？其實沒有甚麼原因，只是當我看到那刻骨銘心的愛情故事，或者白馬王子對公主的種種呵護便不免心動，也想找個人能這樣對待我，也想擁有一段纏綿悱惻的愛情。以前還曾經有人開我玩笑說要追我實在太簡單了，多送我幾本小說就萬事ＯＫ！

你知道甚麼叫做代溝？代溝就是，當我說我想談戀愛時，馬上會瞪大眼睛、嘴巴微張的那些人。所以囉，像我這麼趕流行，又愛幻想的人，我媽媽怎麼可以這麼殘忍的告訴我——不准我交男朋友！

其實說出來不怕你笑我，不知是否看太多小說了，我真的相信「一見鍾情」！我相信有一天我會遇到一個人，在看見他第一眼的時候，我就會知道，這是我一輩子在尋找和等待的人。說是我幻想也好，作夢也好，反正我堅信這個人會出現，且讓我願意為他付出一切，當然也會像童話故事裡面有個 Happy Ending。很傻是吧！但我真的在等這一天的來臨，等待著我的王子出現。

好希望媽咪答應讓我交男朋友喔，她是我最親的人，如果今天我想認真和一個男生交往，當然希望能跟她分享，還可以問問她的意見，她怎麼就是不了解這點呢？

唉！寫完信，夢又醒了，回到現實，我就是那個不能交男朋友的女孩，別再幻想囉！下次偷偷去找媽咪寫的小說回來，看看她以前都是怎麼談戀愛的再跟你說！

哈！孩子開始探討愛情，多數父母緊張、拒絕，但跟孩子們攤開來討論，可能是更好的方法。

孩子的青春期容不下心靈的空虛，竟然偷偷跑去溫哥華市立圖書館借媽媽寫的小說回家看，害媽媽很緊張，一直回想裡面有沒有寫到兒童不宜的情節……

想要養隻貓

小p：

最近感覺好無聊哦！好想有個伴！要什麼伴？你猜猜看，是一隻可以和你爭寵的貓咪！

其實我並非那麼喜歡貓，我只是因為住在公寓不能養寵物，而狗會叫，很自然偷養的最佳選擇就只有牠囉！先讓我來想想，貓住在家裡？每天跑來跑去，到處掉毛；牠上廁所怎麼辦？沒有多餘的廁所！啊，差點忘了，牠還會抓人，剪指甲？一樣會被抓到，好討厭，這麼麻煩！可是如果有牠，一回家就有一個毛球纏著你不放，除了是跟屁蟲，又是個舒服的暖爐，腳踏墊和毯子，無聊時還可以逗一逗牠，總比你好吧，跟你講半天話也沒有反應，永遠是那副惹人憐惜的呆樣。

真討厭，優點缺點都這麼多，寂寞的姑娘我卻又很想找個「伴」。你說我該怎麼決定才好？如果我發誓有了「牠」這個新歡，也絕不會忘你這個舊愛，你贊不贊成呢？

我知道從小媽媽不讓我養寵物只為了一個原因。養了寵物，一定會在照顧牠時慢慢變成依賴，導致「用情太深」，一旦牠有什麼閃失，一下生病，一下骨折，和家人生病差不多難過與費心，若再不幸一點，天人永隔了，眼淚說不定比失去親人時流的還多。唉！人啊！就是這麼奇怪的動物，自己找這麼多感情的包袱。而我，竟也想跳進這個漩渦！

算了，再怎麼想都只是「我想」，還是要等媽咪回來才會有下文，咱們一起耐心等待吧！

孩子養育寵物是種責任的學習，
不能在牠們老醜時拋棄放養，
那是承諾的責任。

一般上課兩般情

Dear P：

有一陣子沒有寫信給你了，沒為什麼，只是沒有寫信的感覺。

這裡的學校真是不錯，別的不說，環境、場地、教室設備比台灣好很多。在台灣一個小小的教室要容四、五十人，又熱又悶，一坐又是一個小時，坐不直還會被罵。規定制服、黑皮鞋，雖髮禁開放，學校依舊不准留頭髮。而這裡二十多個人一班，教室內暖氣、幻燈片、地毯、電腦或電視一樣不缺。光是家政課，縫紉機和烹飪器材都是再完整不過了。

除了設備上的不同外，整體的組織和上課的習慣也不同。在台灣都是學生在教室等老師來上課，但在加拿大就如影集中看到的搬到生活上來，一個人有八種課，八個不同的班級，老師有固定的教室，一到那個老師的課，學生就到那一個教室去。這裡的老師除了採取開放的態度外，更是有耐心對付那些頑劣的學生。唸書完全靠自己，你不唸老師不逼你，成績是自己的，他用不著板著臉來逼你。除此之外，學生上課吃口香糖、喝飲料，也是被准許的。平常的服裝，任你追求流行，頭髮要染要燙都看個人意願，更別說同學間男女朋友在外國人圈子中有多普遍，老師不但不像台灣的老師拼命管，反而還會給同學們許多祝福和關心。

總之，雖然才來了一陣子，但我想我是比較喜歡這裡的教育方式！好希望媽咪能多點時間住在這裡，多了解這裡，她一定會很喜歡的！

一、在天差地別的教育環境裡，要觀察孩子如何面對與應付！

二、向媽媽喊話囉！要媽媽多在她身邊，分享她的新世界！

當「維多多」碰到「麗莎」

臭小P：

你應該兩個月沒洗澡了吧，今天幫你洗澎澎有沒有很舒服？曬曬太陽，香香的，我才要抱你喔！

前幾個禮拜從家教中心找到一個家教老師，叫做Lisa，她是標準土生土長的加拿大女生，從哥倫比亞大學畢業，現在在北溫公立學校當老師，已經來幫我上過幾堂課了。她長得很像娃娃，身材又高腿又長，除了肚子胖了一點，不輸給模特兒喔！跟我很談得來，活潑又一樣愛開玩笑，總之很喜歡她的個性，據大家說是因為她跟我長的很像，那是不是代表我也很漂亮？還是代表我很自戀呀？

但上課情形，我就真的有點害怕了，她教的都好難，我不但看不懂也不是很了解她在教的是什麼！每次都有好多好多的功課。你知道嗎，學校的功課就已經夠多了，我又怎麼來得及應付另一份家庭作業？每次Lisa出功課的時候，我都會淚眼朦朧的，不知該如何開口跟她説饒了我吧。我真的不是不努力，而是真的好怕更多的負擔！

不過，因為我們相處的不錯，所以她也常陪我出去逛街、游泳或去圖書館。這樣也不錯，多了一個伴呢！

她還常常跟我説他跟男朋友的故事給我聽喔！偷偷告訴你，她跟我説她劈腿耶，現在有兩個男朋友；一個長得又高又帥又會説甜言蜜語，但好像沒有工作也沒有錢，出去吃飯都是她請客，而且個性有點幼稚；另外一個禿頭，但是溫柔又體貼，好像又很會賺錢。不知道她會選誰？

你覺得我上課跟她聊這些會不會很浪費媽媽付的家教費呀？可是跟她聊天也是在練習英文，算是在生活中學美語吧！這樣我也可以稍微偷懶一下，不用上整整兩個小時的課，嘻嘻！

小女孩開始思考男女相處的問題，
媽媽要費心的為她上兩性與情感的課程了！

聽我傾訴

幸福的小Ｐ：

我真的好羨慕你喔，每天在家睡覺，都沒有煩惱。不像我，上課的壓力真的好大！

喔，對了，有一個很特別，但我還沒跟你說過的朋友！他是我到這間學校後第二個認識的中國人。一開始沒有甚麼特別，見了面、點個頭，如此而已。但漸漸的會聊一些生活的問題和壓力，我們會彼此給意見和鼓勵，成了好朋友。

原本沒甚麼大不了的，但卻被同學的媽媽知道了，便到處跟別人說一些無中生有的話，明明單純的友誼卻被完全的誤會，我真的不懂為什麼，難道只因我們的性別不同，就不能當好友？而這種事卻如此容易成為焦點！最讓我感到不懂得是為什麼兩個人之間單純的友誼必須在乎別人的眼光和想法？

我想，這就是身為中國人必須遵守的一些傳統規範！像我這種人，就要同時用本地人的方式生活卻守著這些傳統，如何在其中取得一個平衡點，真的不是容易的事，變成個性上的矛盾！想跟外國人用同樣的方式生活卻會違反中國人的遊戲規則；若乾脆停留原狀，又怕跟不上主流社會，最後變成不中不西的，比所謂的「香蕉」還慘！

最近已經開始喜歡溫哥華了，也漸漸可以證明留在這裡絕對是一個對的選擇！

孩子的世界是單純的，
偏偏有些大人間的是非很殘忍，
若父母不支持孩子，不信任孩子，
那孩子會在被誤解中氣憤進而與大人產生隔閡。
大人們無聊談論別家孩子是非時，
多想一下孩子們的感受，
畢竟我們自己的孩子也在其中！

他是「洋」娃娃

親愛的小Ｐ：

最近學校好忙，連休息的時間都沒有，而考試卻又接二連三來，真是措手不及，唸書到底所為何來？好煩人哦！

那天和朋友聊天，得知他姊姊為了生孩子要來暫住兩個月；我卻想好多，為Baby的爸媽擔心、為Baby想，更為加拿大政府感到壓力。

身為父母的當然希望能給自己小孩更好的環境、更好的條件，和所有他們能給的。選擇不同國家，給孩子更適合他們的成長地方，何況加拿大護照是有某些方便，怎能怪那些求好心切卻又有些自私的爸媽呢？

但為了求好心切卻又有些自私的家長，多少Baby必須付出代價。表面上他們擁有很好的先天條件，實際上，他們卻要面對許許多多的尷尬和難題。如果有人問他為什麼要用別的國籍？是否不愛國？或者被罵賣國賊，他是何其無辜！再說，國外的環境是否真的適合他們，而許多中國人應有的傳統，要不要保留？要如何保留？待在外國成長，準成香蕉一個；回台灣定居，又浪費了原來所有付出的苦心；這樣的兩難，要如何去做平衡？

至於加拿大政府，養了一群不屬於責任內的人，盡了責任又得到甚麼好處？難道一個政府有很好的福利，就註定要被佔便宜？

不說了，最近好想媽咪喔，希望她快點來看我們，再幫我帶幾件亞洲流行的衣服，還有好吃的零食，來慰勞慰勞我這又認真又努力的乖孩子吧！哈哈哈！

孩子的思維很跳躍，
我們必須隨時備戰，
只要打贏了，
他們就會崇拜你！

登上新大陸

小P：

上個禮拜丟下你出去了好多天，你知道為什麼嗎？我去一個荒島住了好幾天耶！我們的校外教學，其中，有苦有樂，但若真要我形容，我只能說這是我第一次遠離人群，擺脫家庭，到一個荒郊野外受苦受難，雖然有些誇大其詞卻又不乏真實性。

為什麼我會這樣形容？因為對許多平常嬌生慣養的少爺、小姐來說，這真的是花錢找罪受。學校雖然是好意想讓**ESL**學生能和加拿大學生多一點機會相處，但我真的好後悔為什麼要參加。

不要說別的，光是想要到達，就已經夠長途跋涉，七早八早起床，坐車，轉校車，轉渡輪，轉纜車，轉小船，再走四、五公里的路，終於到達目的地！總共花了多少時間我早就不記得了，只是覺得為什麼永遠到不了的樣子。

到達後，第一個失望的就是住的小木屋，它真是有多髒就有多髒；有多破，就有多破！不敢用廁所，不敢光腳踩地板，連床都不敢摸，除了用睡袋間接碰觸，根本不願多碰一下。而分的小組更是把好友都分開了，每堂課就是去接觸不同部分的大自然；海邊的各種動物，樹叢裡的植物，每天總要把你累個半死才甘心，尤其有一個活動讓我至今回憶起來依舊驚心。

記得那天是中國節日，一群中國學生想安排特別不同的夜晚，結果老師就叫我們集合，也沒說什麼事，很多人穿個T恤，短褲，拖鞋就跑出來。老師說要夜行，帶我們去森林裡走一圈，但不准用手電筒，要仔細觀察大自然。我的天啊！我們走的路都完全不是正常的軌道！強迫每個人用炭筆把臉畫黑，在黑暗中看不見前面的人在哪，後面的人一直撞上來，踩在有時軟有時硬的泥土上，根本不知道是什麼。我和另外一個同學握著彼此的手，那種驚嚇不是言語能夠形容的，我真的都哭出來了。好不容易結束後，大家都衝去洗臉，但怎麼都洗不掉，最慘的是那個穿的很少的同學，全身傷痕累累，真可憐，沒有一個人不抱怨！

雖然回來之後覺得這個活動也有它值得回憶的片段和收穫，但這種經驗還是一次就好！

孩子遇到適應較困難的學習環境，
父母要伸出雙手擁抱，陪伴、支持與用心傾聽，
像談戀愛一樣！

壓歲錢，我想你！

小Ｐ：

快要過農曆年了耶，好想念以前過節的氣氛喔。從小，過年就只見好多人不斷送賀禮，菸、酒、香菇，各式水果以及各地名產等，這些送禮來的客人，都會進來拜年跟爸媽聊天，而那時候，我這個小毛頭能做的就只有乖乖坐在客廳，聽著大人們無聊的對話！但我從來沒有真的抱怨過，因為「辛苦」是有「代價」的。只要我能夠耐著性子「熬」到最後，一定有「好康」的可以拿，而這也是新年重頭戲——壓歲錢，哈哈哈，還不錯吧？比打工好賺多了。

壓歲錢，這誘惑人的名詞，也是每當農曆年引誘我回台灣的主因。偏偏老天爺又愛折磨人，國外哪來的假期呀？所以只能眼紅地在太平洋的另一端看著舊友們數著鈔票，羨慕啊！

不過，在國外的我和許多留學生比起來，幸福美好多了。台灣的長輩們都記得海洋的這一邊還有個我存在，所以我多少還可以分到紅包，但其他加拿大的中國朋友就不太一樣了。沒過年的氣氛，沒有趕辦年貨的熱鬧大街，甚至沒有人在乎這個節日，當然也就不像我有新年的收入滾進口袋！

農曆年真是一個讓我又愛又怕的節日，愛的就是那豐富的年菜和各式過年的零食、點心。尤其那一道道充滿典故的菜，更是令人垂涎。料多餡好的金元寶，一條好吃卻又不能吃完的魚（年年有餘）；雞、鴨、魚、肉，更是一樣不少。至於年糕、馬來糕、冬瓜糖、瓜子更是讓人非吃不可。怕的不外就是體重不小心就會失控了！

回憶到這裡，好希望媽媽今年能破例，讓我回台灣過個熱鬧年，我的銀行帳戶需要補一補啦！

孩子稚嫩的心加上綿密的思維好脆弱，要保護好！

台北來的女孩

小p：

初踏進教室的那一剎那，在熱烈的掌聲中，我帶著一絲靦腆的笑容，走進了高二二班的教室。五十八雙眼睛，緊緊地扣住我，似乎想在最短的時間表達出他們的友善。我走向那張唯一沒有人坐的座位，輕輕地坐了下來，一股叫我退卻的衝動油然而生。我抑制住那想飛奔而去的感受，忽然間我意識到這一坐下來，不是一天、兩天就可以離開，不敢再往下想，深怕自己的淚滴又會不聽使喚。

坐在我旁邊的，也就是大連話裡所謂的「老對兒」，是一個女孩，我不知道她是誰，只聽說她是區長的女兒。她開朗地問著我的事，我卻只是心不在焉地回答著，因為我需要時間從這麼大的衝擊中平靜下來。上課了，化學老師滔滔不絕地開始講著課，絲毫沒有發現我；而我，靜靜地坐在那兒有聽沒有懂，好像老師說的是另一種語言。下課，大家圍繞著我，好奇地問著台灣怎麼樣，溫哥華又怎麼樣。我一邊回憶，一邊回答，置身在過去，彷彿我此時此刻並沒有離開 Vancouver。同學們在好奇獲得滿足後，都高興地回到了座位上。只有我，直到上了課都還久久不能平復地沉醉在過去的回憶裡。

這是漫長的一天，好多事都把我在小學的回憶勾了出來。早操，所謂的級任老師，上下課要起立敬禮，升旗典禮，還有好多自從三年前我離開台灣就被我遺忘的名詞，全都在這一天內再次出現在我的生命裡。我在心裡為自己畫下一個大問號；「你真的能待在這裡？」可是我沒有對任何同學說出我的感受，不是不想講，只是不知可以信任誰；第一天，除了寂寞，只有難過，真的，我好想家，好想回去 Vancouver。

把孩子放在不同的環境，
學習不同的生命力，
這媽媽有點狠喔！

被下放勞改

小p：

來大連好一陣子了，除了功課還是跟不上外，生活各方面都已適應了。雖然心裡還是思鄉，對於媽媽還是偶有抱怨，卻比剛來那幾天好過多了。

每次出門，都會有人說我講話的腔調很奇怪。上次坐計程車，那司機還問我：「你們台灣的人講話都這個腔調嗎？」我心裡還想著怎麼不說你自己的腔調怪呢？一樣說的是普通話，卻還有這麼大的差異。

記得有一次去餐廳吃飯看到有一道菜「熗土豆絲」，土豆還能切絲，這可新鮮了，滿懷好奇的點了這道菜。菜上桌，我就把服務生叫了過來，用一臉疑惑的表情問：「我不是點了一盤土豆絲，你怎麼給了我一盤馬鈴薯絲？」

「什麼馬鈴薯不馬薯鈴，這就是土豆絲啊！」我一聽，趕緊閉上嘴，知道自己一定又鬧了個大笑話。

除了馬鈴薯叫土豆外，還有很多，像蕃茄叫西紅柿、芥末叫辣根、「熊」你就是騙你、事情辦臭了就是事情沒辦好、公司黃了就是公司倒閉了、你的「框」就是你的男（女）情人呢，同桌的同學叫「老對兒」、把我樂毀了就是樂壞了，就連以前在台灣用來罵人的「幹」都是個生活常用語：「你幹行嗎？」、「我來幫你幹吧！」一開始聽還真不習慣。

不只生活上的用語有異，連老師上課用的詞也特別豐富。像化學老師就常說「收拾收拾去死」意思就是說，你連這麼簡單的題目都不會就太悲哀了。還有我們班的班主任教訓人時常常說「可以理解不能原諒」。

像這些方言太多了，一個從台灣來的人就不一定聽得懂北方人說的話，再想中國大大小小加起來有二十多個省，任你再厲害也學不了這麼多，一種種的口音讓人聽都聽呆了！

孩子適應力真的很強，
即使遇見外星人，
他們也能雞同鴨講，
大人真的不必太擔心！

Chapter3

30 vs. 30×2 的女人

一路走來，我們不覺已成為心靈互通的
伴侶，並深入彼此的生命旅程。
回想生命中的每一天，想告訴你：
「感恩有你，有你真好……」

大連的苦難

按我媽的說法，會送我去大陸唸書，是因為她覺得我日子過得太舒服、沒有憂患意識、成日渾渾噩噩吃喝玩樂，她認為我應該要去體驗不同的生活，看看同樣年紀的孩子，別人是如何在貧困苦寒的日子裡勤奮讀書。

其實我在台灣國小畢業後，就去加拿大唸書，完成九年級學業後，也已選定高中要就讀的學校。在國外功課壓力不是太大，我維持著不錯的成績，也交了很多好朋友，根本不願意離開，一心只想著要待在溫哥華。

我其實是被「騙」回亞洲的，知女莫若母，我媽知道我不願意離開加拿大，也不能強迫我，所以她投我所好，建議我休息一年回台灣學點東西，因為我一直很想學唱歌演戲，當時還很開心，覺得我媽真是開明啊！一心以為，反正幾個月後我就可以回加拿大了。

誰知道，返台後沒多久，她就帶我到大連，我還以為是去玩。但是到了當地，我媽開始找學校、拜訪校長，讓我到當時最好的重點高中讀書。我才十五歲，莫名奇妙到了一個好陌生而且尚未開發的城市，我哭了好幾個禮拜，覺得簡直太委屈，究竟我做錯什麼要被這樣懲罰，為什麼別人都可以開開心心留在國外唸書，我媽卻要這樣對我？

十幾年前的大連市還不像現在這麼繁榮，對我這種從小在國外生活的小孩來說，根本是兩個世界。當時媽媽和朋友合資在大連開餐廳，我們的宿舍就在餐廳樓上，而且就是個餐廳包廂，只是把飯桌挪走放張床和桌子，就連浴室也只是廁所，沒有蓮蓬頭沒有浴缸，只接個小水管勉強能洗澡，非常簡陋。

學校的分班方式很特別，一班是政府官員和企業負責人的孩子，成績優異且家境好；二班則是家境貧困，但是成績優秀的學生。想當然爾，我媽想都不想就叫我去二班讀書。她說既然來到這裡，就要徹底一點，讓我看看貧困家庭的孩子為了讀書有多辛苦。

老師們對我這個國外來的孩子都很照顧，同學對我更是好奇。不只是同班同學，就連別班同學經過我教室，都要探頭看看誰是「Victoria」。也因為東北人講話豪氣，對於我的語調柔軟，同學都覺得我講話很好玩，經常要求我說話給他們聽，我就像動物園裡被觀賞的動物一樣。

在國外的中學課程，根本不會教太艱深的數學、物理、化學，我在大連什麼科目都跟不上，完全的「鴨子聽雷」、也看不懂簡體字，唯一聽懂的就是英文課。從來在學業成績都是保持中上，在大連是連及格的邊都談不上，考數學完全都是用猜的。我印象很深刻，聽過老師罵另一個同學：「考這麼差，Victoria 用猜的都比你強！」我居然成了低標代表，說沒有挫敗是騙人的，但是我媽也沒因此責怪我，畢竟我們有共同的默契，來這裡是要體驗生活的，她並不期待我用功讀書。

讓我實在不能妥協的，就是「廁所沒有門」，應該說只有一條長長的溝，貫穿整間廁所，冬天還會結冰。經過溝通，老師終於同意讓我趁著其他同學上課時段去上廁所，否則我真的會憋出病來。上政治課時，還經常跟老師辯論他的思想太八股，媽媽告訴我不能去挑戰老師的權威畢竟兩地的文化背景在政治這件事情上就是不同，她跟老師商量，最後達成共識課堂上我就乖乖的坐在座位上，做自己的事，但千萬別再舉手發言！

大連的冬天非常冷，常冷到零下十幾二十度。我們經常有校外勞動服務，要從自己家裡帶大鏟子，集合到大馬路上鏟雪。在學校上課，雖然教室有煤氣供暖，卻還是非常冷，同學都穿得像熊一樣，手裡還要抱著裝入滾燙熱水的熱水瓶，才有辦法安坐聽課讀書。平時早上七點左右到校，傍晚六點下課後，還得留下來晚自習，寒冷冬夜裡格外難熬。還有發育中的孩子食量特別大，但是家裡窮，常常便當盒裡都是白飯，只有一點點青菜和肉末。而我，媽媽為我請了家教所以不用留校晚自習，樓下就是自家餐廳更是天天好菜好肉，我真的擁有太多。

因為我還是跟國外同學保持聯繫，所以流行的中文歌西洋歌，我很樂意和同學分享，當時學校有個能放歌的小廣播台，利用中午休息短短十幾分鐘，放流行音樂給大家聽。還有歲末年終聯歡會，我跟同學一起唱歌編舞，非常開心。

記得當時大連報社還貼身採訪「台灣女孩在大連」，讓我成了全大連市最有名的中學生。在資訊不普及的年代，報紙是很重要的媒體。我收到好多讀者寫信，有窮苦的農村小孩寫信要我跟他聊聊他從未見過的世界、有跟我同名同姓的軍人等來自不同社會階層的讀者，寫信到學校給我，告訴我他們的煩惱和心事。而回信這件事成了我很重要的心靈寄託，我親筆回信，和他們分享內心的點滴。

生活裡最愉快的事情，就是「吃」。我從小就愛吃，所以到菜市場、小巷弄找尋當地人愛吃的東西，媽常覺得我膽子太大，路邊小攤販看起來很不衛生，我卻吃得津津有味。吊爐餅、酸菜炒粉條、骨頭館的大骨、小雞蘑菇燉粉皮等道地美食我如數家珍。我尤其愛吃北方的油條，咬下去厚實有嚼勁的油條，不像在台灣一根根賣，大連是一斤一斤賣，我總抱一大把回家，然後分給餐廳員工，他們常覺得奇怪，我怎麼老是買這麼粗又不值錢的東西給他們，但對我來說，我單純只想分享我最心愛的油條給他們啊！還有水餃，北方人吃水餃也是論斤秤兩，我的同學一次都能吃一斤（大概有二十顆），我最多吃四兩（大約八顆），還常被店家笑「四兩太少，很難煮啊！」

高一課程結束後，為了日後能順利申請國外的大學，我必須回加拿大完成高中學業，否則依我在大連的滿江紅成績，也很難申請到好學校。很捨不得同學們，畢竟相處了一年已經有深厚的情感。後來有一兩位同學也出國唸書了，至今我們仍保持聯繫。

在大連的一年，我深深體會到生活並非全然美好；我學會珍惜自己所擁有的，不再有那麼多抱怨，很多事我原本認為是理所當然，對大多數人來說卻不是。感謝我媽的用心良苦，雖然當時是那麼覺得委屈埋怨。我常說她狠心，就這樣把我一個人丟在大連，不管我願不願意，看我哭也不心軟，但我知道她心裡是萬分捨不得的，只是為了磨練我，她必須眼睜睜看著我跌落深坑再造，這大概就是所謂的「天下父母心」吧！

當個狠心的媽媽

狠下心在女兒升上高一的那年決定帶她到大連，是因為在溫哥華的三年中，她接觸的華人都是家境優渥不知民間疾苦，即便是白人家庭，能居住在西溫的也是富貴之家，她常問我一些似是而非價值觀偏頗，我不太能回答的問題，我在心中盤算要讓她經歷一場震撼教育，不同的生活環境、條件、思維的地方，在一九九六年十月我安排好學校，決定安置她在大連二十四重點中學接受挑戰。

這場特訓教育回想起來成果輝煌，現在把女兒丟在任何國家，任何地方她都可以適應得很好，活得自在！

當我目睹她會在髒亂不堪的傳統市場為一毛兩毛討價還價只因不願當呆胞時，我也目瞪口呆；用個小電鍋煮著飯菜，看在眼裡疼在心裡，但內心是安慰的；積雪的天氣，在操場剷雪不願享特權，我是感動的，唯一能解她鄉愁的是校中交換的外國白人教師與她共餐說英文。

當領導叔叔阿姨們領著她下鄉考察，她看到落後、破舊的農村，睡在炕上沒有浴室加上露天的廁所，她驚覺自己在天堂！她更從百廢待興的群眾裡察覺人性的惡，她明白人活在不信任的環境裡是多麼的不安與猜疑，為什麼同學連自己的父母在那裡上班或做甚麼工作都不知道？這種未知的不安全感影響了孩子與父母的關係……她開始跟我討論「人性」的問題。

她一夕之間長大了，她開始明白為什麼她跟同學談論她看過的電視與影片中的主角時，同學們完全不知她在說什麼？她拿港台最新的ＣＤ在午間播給全校的同學聽，她想要與他們分享，她帶動了一股家長送孩子出國唸書的留學潮。

二十四中這台北來的女孩造就一股旋風，孩子們也一夕覺醒，外面的世界很寬廣！

這場震撼教育是雙向的，是物超所值的，女兒在這一年中學會的足夠她受用一生！

Trojans! Fight on

離開大連返回加拿大完成高中學業，接著就是準備申請大學。有了在大連一年的「艱困生活體驗」，我的心稍微安定下來，同時因為搬家，我忙著適應陌生的環境和學校，開始變得忙碌。尤其「申請大學」對國外學生來說，是非常重要的事情，如果預備要再升學，有很多事情必須及早規劃。

就像先前在台灣的「推薦甄試」，除了學業成績，必須還要有多方面的生活體驗與學習，讓我的「人生履歷」更加豐富。有一點和台灣不同的是，許多父母將「唸大學」這件事當成孩子人生中的超級大事，強迫孩子學才藝參加比賽，巴不得孩子有十八般武藝，這在國外的華裔家庭裡也很常見。但外國父母的態度上卻非常自由，他們多半尊重孩子的選擇，不會逼孩子非唸大學不可，如果想上大學，自己去申請，缺乏什麼經歷就自己想辦法去學習。

申請大學之前我一所一所尋找有傳播科系的美國大學，挑出幾所有興趣的。實際去參觀。對國外學生來說，申請大學就像買房子，一定要先到現場，看看這個學校的環境、氛圍，感受自己是否真的喜歡這所學校。我記得當我第一眼看到南加大，就有個莫名的歸屬感，果真申請時相當順利，也是第一所寄入學通知給我的學校。

在美國唸大學，是我人生中第一次的「完全獨立生活」，以前在加拿大，我媽每個月都飛來陪伴我一週，也有媽媽的朋友會幫忙照顧我，在美國則是完全陌生的環境。我第一次自己找房子、找室友、開車購物。每到週末，總是跟一群華人朋友相約，到三家不同的超市採購：美國超市有便宜的蔬菜和肉、華人超市有家鄉的調味料、日本超市有好吃的白米和零食，我們還會特地開半個鐘頭的車到華人區，就只是為了喝一杯有台灣味的珍珠奶茶，那是我們每週最期待的一件事。也常聚在一起，烤肉、包水餃，幾個華人同學還編了一本中文刊物，生活非常充實。

搬離學校宿舍自己租房子後，也常常和室友及鄰居們一起煮飯，看台灣的綜藝節目、租來的日劇，結交了幾位知心的女朋友，大家常常相約吃宵夜、熬夜串門子、玩牌、Clubbing 跳舞、唱歌……大學生活的精彩我可一點都沒錯過。

最有趣的是「校園傳統」，在美國的大學，多半都有專屬「吉祥物」，代表該校的精神標誌，我就讀的南加大是「羅馬戰士（Trojans）」，而我們的對手學校則是一隻小熊。每當球賽開打，校園裡常會看到這樣的景象：有很多脖子上綁著繩子的小熊被拖在地上走、或是有同學向消防隊申請要在校內焚燒超大玩偶熊……我們還得用膠帶把羅馬戰士的全身緊緊纏繞，用來保護羅馬戰士雕像，因為有一年他的頭被對手學校給砍了！諸如此類的事層出不窮，也反映出美國大學生的活潑性格與創意思維。

很多人說USC的學生是被寵壞的小孩，我一直覺得更貼切的說法是" **We´re not spoil,just well taken care off."** ，謝謝辛苦的爸媽，畢業多年後我仍然以身為戰士為榮。

大學校風很重要

女兒拿到SAT的成績，迫不及待申請美國大學，她壓根沒想待在加拿大，我除了心疼錢，也沒什麼可以反對。

二月就拿到南加大的入學信，大眾傳播是她夢寐以求的科系，所以最後一學期她還能安心讀書嗎？我索性讓她回台打工，主持了一季《老外在台灣》的電視節目，當然也是磨練她的臨場反應。

第一年學校規定新生得要住在宿舍，當然也就相安無事，女兒生性活潑熱忱，好於助人，又去參與台灣同學會，新來的台灣同學連找宿舍都要她幫忙，我提醒她現在狀況不同，功課很重，每學期厚厚十幾本外文書要讀，少管點閒事。

「媽，他們剛來，找不到住的地方也很可憐啊！如果是我，你也希望有人幫我對不對？」她倒反問起我來，也是啦！

她的大學生活多采多姿，暑假我要求她多修幾個學分，看能否提早畢業，學費加上生活費實在太貴！寒暑假一回台就叫她去各電視台打工，東森、三立、民視、人間衛視，她周遊列台經驗豐富呢！

好學校學費昂貴，但值得！南加大屬私立大學，有名的貴族學校，但學生除了會玩還會讀書，並懂得用頭腦賺錢，這樣的風氣會彼此影響，如果只會玩沒有好成績會被排擠的！

參加她的畢業典禮，送我一件USC MOM的T恤，讓我與有榮焉，南加大學生的媽可不容易當呀！

她提出要去紐約大學唸碩士，我拒絕了：「就在USC唸吧，東岸太遠，又要重新認識新城市，花的錢更多，不OK！」

紐約是她嚮往的城市，但她知道我不同意就只能留在原校申請科系，她修了「公共政策」，讓她學的大眾傳播範圍更擴大，一年就修完課程，我知道她很努力，偷偷地高興是因為省了很多錢！

圓了主播夢

從我兩三歲跟著媽媽看電視新聞開始，在那發光小盒子裡，講話有條不紊、架勢十足的主播們就是我的偶像，我悄悄許了一個願望：將來有一天，我也要跟他們一樣……

由於我從小就立志要當主播，所以很明白將來一定要進入新聞界工作，從申請大學挑選科系，目標就非常明確。我的父親並不贊成，他認為像金融、建築、醫學，才是「有專業技能」的鐵飯碗；而母親仍舊維持一貫的支持態度，但她提醒我，選這一行非常非常辛苦，我要有心理準備。

在美國完成碩士學歷後回到台灣，沒想到找工作並不如想像順利，歷經一番波折才找到記者工作，唯一的感想是：好累。我常自嘲「麥當勞時薪」，因為我的工作幾乎是「朝八晚九」，每天一大早起床、直到月亮當空才回家。第一年工作的薪資非常少，但我並不覺得不夠，因為我根本沒空花錢！每天睜開眼睛就開始小跑步追新聞，精神緊繃一刻也不停歇直到晚上八、九點，週末加班更是家常便飯。

高壓的工作環境，若不是因為我的主播夢還沒實現、若不是因為我還有熱情在支撐，我想真的很難堅持下去。我有好長一段時間每晚都夢到新聞部主管對我破口大罵，問我：「獨家在哪裡？」也曾經有一個冬天感冒十次，幾乎天天掛病號。但是每天最有成就感的時刻，就是當自己辛苦跑來的新聞被播出，那種感覺就像吸毒上癮一樣，即使身體已被搾乾且疲憊萬分、精神卻亢奮不已。這是新聞業最迷人的地方，但現實的是，不論你前一天跑了多大的頭條，隔天一早醒來，前一天的功勞戰績隨即歸零，然後又陷入找新聞的輪迴地獄……

尤其當台灣的新聞變調，成為腥羶色和八卦導向，讓夢想成為專業新聞主播的我，很難說服自己是否要繼續下去。尤其當朋友們也開始因為我的職業而質疑我的人格，第一次動念是否要放棄夢想，因為我辛苦工作，不是為了換來這樣的批判眼光！

一開始反對我進入新聞界的父親，此時反而鼓勵我不要太快放棄。他說我努力了這麼久，夢想還未完成，應該再堅持下去。他鼓勵我到一家以財經專業著稱的新聞台重新學習，讓我重新燃起了完成夢想的希望。

新的工作環境對我來說極具挑戰，有太多的財經專業要吸收，還要把艱深的財經知識寫成觀眾在兩分鐘的新聞內能聽懂的白話文，我挫敗感非常大，開始的第一週還常因為寫不出稿子趴在桌上大哭。在家人的加油打氣和朋友的大力幫忙下，終於熬過來，也讓我自己更上一層樓，進入另一個專業領域，也跟父親有更多共同話題。

這是一家很特別的電視台，當時進公司的員工，都由董事長親自面試。他為人非常低調而且平易近人，也很樂意和員工面對面談話。記得有一次，我在工作上有不愉快，希望能跟董事長當面聊聊，我面對他侃侃而談，告訴他我的不愉快和建議，並且主動爭取參加主播甄選。就在一次的甄選裡，董事長要求主管們讓我試試看，就這樣，我終於圓了夢。

我一直期待自己因為專業能力而站上主播台，所以總是不能認同憑外貌卻不懂新聞的主播。我依然天天跑新聞，努力做好新聞，而在這個專業新聞台，是被觀眾信任且依賴的，回想自己踏踏實實走的每一步，心裡很滿足。

在新聞圈子待了近五年的時間，我面臨是否要繼續深耕的選擇。我回頭審視自己的生活，發現我早已沒了健康、跟朋友聚會永遠只能遲到吃剩菜，我的生活一團亂、我總是焦躁不安、對任何人都不耐煩、我總是抱怨好累……這是我想要的生活嗎？

我決定，找回自己優雅的小圓舞曲。

記得離開的第一天，我站在街上，仔細看經過我面前的每個路人的臉，看這再熟悉不過的街景，我已經有好久好久不曾停下腳步了。我總是在追趕、只想著搶時間搶新聞。我開始調整生活作息，調養破敗的身體。我安排時間和朋友見面聊天，我放慢腳步欣賞身邊的人事物、學習不分析不判斷，讓家人朋友跟我相處不再覺得我像刺蝟，總是說話尖銳。

新聞工作讓我在短短幾年間倍數成長，它教會我如何運用思考邏輯、理性分析，也讓我在現在的工作上游刃有餘；我總是有說不完的故事，讓朋友們聽得津津有味，自己也無法克制地活在追求新聞毒癮的輪迴中；記者主播的光環雖讓我很難割捨，我也曾想過如果五年前我堅持下去，是否能像同期的新聞同業一樣，現在各自在新聞圈擁有一片小天地？

呵！真的不知道。我只確認一件事，現在的生活是我想要的，我不用常常加班，能陪家人吃飯、找朋友聚會，我能安排出國旅遊、培養興趣嗜好，健康的工作環境，換來健康的身體和平衡的生活，我正追求著幸福……

嚮往的螢光幕前

從小，她的志向沒有改變，一心要成為藝人，幾乎每一年我們都要討論這個主題，最早入鏡的是中影替新聞局代工拍的《我的三個老爸》，描述三個退伍老兵撫養一個小女娃，他演女主角的童年，主持過中視《白雪公主》特輯，徐進良導演的《郵差來按鈴》也客串一角，在超市拍面紙廣告時，由於導演對幼童性情不了解，NG了十幾次，她既生氣又含淚對導演叔叔說：「給我一千萬我也不拍了！」好大的口氣啊！

她感受過了，我也經常暗示：「螢幕前太辛苦！」但她始終沒放棄，有次胡茵夢到溫哥華，對她說：「藝人是很特別的行業，沒有自己，沒有隱私，還要不怕別人無中生有的是非，你都準備好了嗎？」

她竟然點頭耶！孩子的興趣總會改變的，我告訴自己不著急，直到面對申請學校填志願，我說：「你口才這麼好，只有三種工作適合你，當外交官、律師、主播，選一個。」

她思考後還是選了新聞工作，看來她仍不放棄幕前的工作嚮往，但選擇新聞工作比當藝人適合她！

進入中天電視，最先跑社會新聞，颱風天最常接到朋友們打來關心的電話：「我在電視上看你女兒在風雨中報新聞，水淹到腳踝，風又大好可憐！」好像我虐待她似的！隨之又調去跑國會，成天在立法院看那些不成材的立委打群架，我需要跟她好好談談：「花這麼多學費讀這麼好學校，每天看人打架是好工作嗎？別幹了！」

還沒坐上主播台，她當然不甘心，過兩天她想必已思考過，告訴我：「我轉去非凡跑財經新聞好了。」

反正不死心，不過她這決定我嚇一跳：「財經？你連數字觀念都沒有，從何跑起？」

「我可以買書看，我可以加緊學，不怕！」哈！她倒安慰起我來！

她樂觀的性格也有好處，我想她是為自己的壓力下了功夫，跑外資法人的線，開始有了理財觀念，總算有點收穫。

主播夢也圓了，我告訴她：「媒體工作必須當事業經營，不適合女人，你沒有正常生活，沒有假日，連朋友都快沒有啦，怎麼有時間交男朋友？再下去連健康都出問題，考慮一下吧！」

「主播台坐過了，沒有遺憾了，好吧，轉業！」她倒灑脱，決定回歸正常工作；進了金融業的公關部門，因為是個大集團，相關活動很多，偶而讓她重拾主持棒，滿足一下她的虛榮心倒也開心！

我心目中的大男人

我理想中的「男女平等」，並非是女權主義至上，而是希望在我侃侃而談自己對時事的立場，或是自己的價值觀時，不會被在場的男生默默的打分數。在男女關係上，我從未希望兩性要平等，因為各自有各自扮演的角色，要實際的兩性平等很難！只是忍不住覺得現代人真的扭曲了「大男人」的真義。

早期傳統的台灣男人，例如我阿公，他一肩扛起照顧全家人的責任，無論是撐起家中經濟需求，或家裡的粗活，甚至還能做一手好菜，這才是我認同的「大男人」。

但實際上，我看到的台灣社會中，「大男人」有種很奇怪的面貌；所謂的大男人，應該是很有擔當、很大器，說話做事能得到眾人信服。但我看到的是「我說了算，管你喜不喜歡。」如果一個男人沒有真本事，卻硬是把自己捧得高高的，還希望另一半只說好聽的把自己奉為神明，真的非常荒謬。尤其許多台灣男人，認為在外應酬女人不能過問，只能接受；認為他只需要工作賺錢，不願意花時間跟家人孩子相處，家裡的事都是女人的事。

我常告誡朋友，如果以後你希望女兒在台灣成家、過得開心，就不要讓她們受西方教育，尤其在台灣很多女人婚後一切以男人為重，凡事以男人的意見為主。受西方教育衝突很大！我也遇過很多在國外唸書時認識的男生，當年在國外非常尊重女性，但回到台灣後都改變了，覺得自己高高在上，開始不尊重女人，完全就是在這個社會被同化了。這樣怪異的現象很難解釋，即使在香港或大陸，都不像台灣這麼嚴重。

我看到很多從國外唸書返台的女生，回到台灣後很難找到理想的對象，因為這個社會並不認同她們在國外受教育時的男女觀念，所以她們最後只能妥協；反觀同樣接受西方教育的男性，回台灣後如入天堂，這裡的文化告訴男人，女人只要溫柔聽話就好，不用太聰明太有主見，因此他們的選擇變多了，因為愈來愈多女人學習變笨。

我甚至聽過一些富二代千金的媽媽教她們，男人在外面偷吃劈腿沒關係，只要他還肯回家就好，他進門時要幫他準備拖鞋、一杯熱茶，歡迎他回來。聽到這些話我很不理解，為什麼台灣女人要這麼委屈卑下？

人在屋簷下，既然回到台灣生活，適者生存，我持續調整自己的心態，努力讓自己可以融入大環境，媽媽不斷提醒我女人要像水，身段要柔軟。是的，我不能改變每一個人，但至少要調適到讓自己能自在的生活。

東方的一條龍

我常跟朋友聊天時說：「我那女兒是半個外國人。」以她對長者的孝敬順從體貼來看，她是純東方的，但以男女在家中扮演的角色、在職場、社交場合呈現的形貌她是認同西方的，這大概是她小學畢業就出國，研究所唸完才回國的最大適應障礙！

從她十二歲到二十三歲，成長到成熟的階段，她接觸的是西方，她看到的是媽媽在職場中的風風火火，但她不了解，媽媽在東方社會要經歷多少磨練，多少犧牲，承受多少誤解才能練就成一隻浴火鳳凰站在這裡，她的成長學習中缺了東方男人是一條龍的概念！

但平心而論，東方所有男人都是一條龍嗎？這條龍是女人撐起來舞動的呀！東方女人成就了這條龍，但這條龍卻驕傲地不願承認，這就是現在東方男女角色的矛盾關係！而多數東方女人低頭承受，繼續嬌慣這條龍！

對我這「半個外國人」的女兒，她需重新學習，只要她留在東方，只要她須面對現實的台灣男女不平等的婚姻制度，她就必須清楚「東方的一條龍」，不管是一條叱吒風雲的龍或是一條自以為是龍的蟲！

我想她比我有智慧，她清楚自己選擇什麼路就要扮演什麼角色！

相親一族

不會吧！那會那麼慘？我怎麼可能「淪落」到相親？

相親這件事，在我「小時候」的認知裡，就是宅在家裡、沒有社交生活、年紀很大的剩男剩女，為了認識對象，萬不得已才會做的事。所以我一直認為，我決不會淪落到相親。

一開始我很抗拒相親，但拒絕朋友一兩次之後，也真的不好意思再說不。幾次之後，發現並不像想像中嚇人，不成只是多個朋友，也就漸漸不排斥了。但是，從朋友為我介紹的對象中，我發現這些相親對象條件都好優秀，打破了我對「相親等於條件不好」的刻板印象。另一方面，可能因為我朋友很多，反而沒有機會認識不同生活圈的朋友。

對我來說，相親時「看對眼」是很重要的，即便兩個人被認為郎才女貌，但是交談時沒有「火花」，也很難有進一步發展；如果是郎有情妹無意，也只能付諸流水。

由於我是想要結婚的，因此在相親時，我總是會用放大鏡檢視對方，是否符合我心目中的「條件」：孝順、善良、大器、個性要合得來、若我想當全職媽媽不必擔心經濟問題……隨著我個性愈來愈成熟，這些「條件」也一直在變，例如我以前總認為另一半必須要和我有共同的興趣，但現在我認為只要「不討厭」就行了，不一定非得喜歡另一半的興趣，更重要的是要能尊重和包容彼此。

我有一個朋友，經由相親認識後結婚，現在非常幸福。我想相親有一個很大的優點，就是已經有人幫忙「篩選」並且是獲得肯定的對象。我也曾經遇過真的很優秀的對象，一開始很有感覺，但是「後繼無力」，我只能說沒有緣份。

現代人愛用的線上溝通軟體也是相親好幫手，確實很容易拉近彼此的拒離，隨時隨地都能聊天，訊息丟來丟去，但是無形中也造成我們不會講話了。曾經就有一個相親對象，我們用通訊軟體聊了兩個禮拜，真的打電話時卻發現兩人根本沒話說。科技的進步，讓每天的生活變得好快速，好像沒有人天天約會，今天見面明天還要見好像變成件怪事。但是在我們長輩那個年代，通訊不方便，今天送情人回家後，好希望明天能再見面，那種甜蜜的期待感，到了現在幾乎消失了。

很多有趣的相親經驗，讓我不得不相信世界上真的有「巧合」。長輩推薦的優秀對象，雖沒能更進一步，但也成了朋友。後來又認識另一位相親對象，同樣沒有來電成了朋友。妙的是，當我受邀參加前者的婚禮時，新郎的媽媽看到我，很熱心地說要幫我介紹新郎的表哥，沒想到就是後者！還有一次是我和女性友人在聊天時，談到何不彼此介紹曾相親過的對象，說不定「你的草是我的寶」，一談之下發現居然是彼此都早已相親過的對象！讓我不禁大嘆：「老天爺，你在捉弄我嗎？」

有一次是長輩介紹的相親對象，一桌子人吃飯，看得出來他很緊張，還要長輩提醒他幫我夾菜，手卻在發抖。整個晚上我們就像是演員，被一群觀眾注視著一舉一動。晚飯結束後，他問我要不要喝咖啡，我覺得時間太晚，交換電話後約下次再見。兩個禮拜後，他來電問好，尷尬的是我卻完全忘記他是誰，想了很久才記起來，但也不知道要聊什麼，當然是不了了之了。長輩們一直稱讚他老實一定不會欺負我，但不適合是不能強求的。

我看到很多年輕時太愛玩、年過四十想結婚才開始認真相親找對象的男人，開出的條件卻還是二十多歲、年輕貌美的女人，然而這些男人本身卻沒有好好保養自己、早已顯出老態，在找尋另一半的情海裡，這些人怎麼只問對方具備的條件呢？不過，他們多數也能找到空有其表的美眉喔！

我當過紅娘，撮合兩個好友，曾經陷在想為他們排解爭執的角色裡，因為我覺得要做好「售後服務」。也正因有這樣的經驗，我非常感謝為我介紹對象的朋友們，這對介紹人來說是好大的責任，要拿捏好分寸、不要涉入太深同時又要扮演朋友和媒人，真的好不容易啊！萬一介紹了不適合的對象，傷了友情就太不值得了。

雖然直至現在我仍然小姑獨處，長輩、朋友們總說：「你太挑了，還可以就好啦！」但這是我要托付一生的男人耶！能隨便嗎？說真的，東想西想，東挑西挑，不就是在等待被愛情沖「婚」頭的一天嗎？

相親到婚姻

婚姻是一門太大的學問，並不是光兩情相悅就能擁有幸福的婚姻。婚姻有責任、有包容、有不計較，需愛屋及烏擴及九族，要有多大的慈悲與智慧才能擁有美滿的婚姻！

我從不認為女兒找對象、談戀愛、結婚有什麼困難，直到有一天，吳伯雄的夫人美玉姊嚴肅的對我說：「你女兒沒有對象你都不急啊！」我才驚覺原來女兒已到適婚年齡，愛她的長輩們都在關心。

我笑著說：「交給你就行了，我不必操心！」這乾媽很盡責，很快找到一個很優秀的青年，只可惜緣分不在啊！

我真的不著急女兒找對象，但朋友們見面就問我，反倒讓我尷尬，有天晚上忍不住問女兒：「你如果不想結婚要有不結婚的規劃，想結婚就要好好深沉思考如何找個能疼惜你、愛護你，願意與你分享的好男孩呀！」

她瞪大眼睛，一副我想太多的看著我：「我當然要結婚呀！只是還沒找到結婚的對象，別急嘛！菩薩會幫我找的！」

這好，跟我想法一致，我也覺得善良慈悲如她，菩薩一定會倍加垂憐疼惜，為她安排一個好姻緣，不必我操心！

女兒的好友：「羽書阿姨，Victoria 就是太好沒人要追呀！現在男生都要找美眉玩玩就算了，或是沒有大腦很好騙的……」

不等他們說完：「等等，現在的男生到底在想什麼？聽起來好像都被寵壞的小孩！」

「是啊！娶個太太放在家裡，在外面一樣玩啊！」

哦哦……我需要清醒一下，我們這些優秀的孩子們到底怎麼啦？婚姻的價值觀如此錯亂？他們在國外沒有這些偏差呀？我不信！不信！我相信還有很多未被發現的好青年，有責任、有理想……

學懂師公的「人間佛教」

第一次見星雲師公時，我還是個小二的學生，因為媽媽是佛教徒，也幫忙籌備佛光會，從小我就跟著她在佛寺進出，對我來說，師公就像是爺爺，慈祥和藹又親切。

一般人看師公，都覺得好有威嚴，都要跪拜。他不許大家跪拜，跟我總是閒話家常：今天媽媽怎麼沒叫你來吃飯啊、最近怎麼樣啊……就像是家裡的長輩，還會買可愛的布偶送我，把我當小孫女一樣疼。現在想想我真是沒禮貌，哈！

他常跟我說，不能偷交男朋友喔！要先帶來給師公看。還叮嚀我媽，在我二十五歲前，要我不能談戀愛。現在眼看我過三十了，師公也急了，頻頻交待其他師父如果有看到優秀青年要幫我介紹。看我一直沒好消息，反而開始安慰：「如果真的沒有好對象，我們這麼好的女孩兒也不要嫁了，現在很多男生不懂得照顧女生……」

還有認真為我尋覓對象的師父們，會聚在一起關心我的終身大事：「有個男孩子真的很不錯，很適合Victoria，但是婆婆看起來好像很嚴厲耶！」在許多人認知裡莊嚴的師父們，就經常會為了我而有這樣的對話。讓我覺得他們是真心疼愛我、關心我。然而，我真的很期待有一天師公能為我證婚。

小時候我其實很不諒解，為什麼媽媽這麼投入，雖然她常說：「山上的事，眾人的事」，但看她忙得疲憊不堪，付出這麼多卻不求回報；但當我跟師公認識後，我終於明白媽媽的心意，因為這麼慈悲的人，總是會讓人好想為他做些什麼。媽媽在師公面前，一直是非常謙卑、戰戰兢兢的，視師公為嚴父，她會變成小女孩、一個有靠山有人保護的人，而不是女強人，不是娘家裡那個總是排憂解難的女兒。

然而對於「學佛」這件事，我其實一直沒有很大的熱忱，小時候媽媽規定我要唸經，我就乖乖做，我告訴自己「心誠則靈」，就當祈求保佑，那就做吧！但現在我覺得佛法是很神奇的，真是廣大無邊。

大家或許都覺得佛學艱澀難懂，但師公說佛法，從來就是一聽就懂。例如他常說「給人希望、給人歡喜、給人信心、給人方便。」十六個字，道盡人際關係的相處之道，生活中立刻能運用的佛法智慧。尤其這幾年，或許是真的長大了，我開始會主動想了解佛經、心裡不開心時，也會唸佛號或誦經讓自己平靜，慢慢地成為我生活的一部分、更是心靈的寄託，我學會不執著，接受人間世事有其因緣，不再強求。就跟師公一直在宣揚的「人間佛教」般，佛教跟我不再有距離。

信仰的傳承

師父上人念茲在茲的一件事，就是佛化家庭信仰的傳承，因為信仰是自由的，如果你沒有讓家中的下一代感受佛法的美好，人間佛教的受用，又如何說服他們要堅定信仰？要護持佛法？要利益眾生？所以師父經常在開示中提及信仰的傳承。

信仰不能停留在拜與求，信仰是種力量的堅定，佛法是用在生活中，讓身、心、靈皆得自在，才有能力與人分享，佛法在生活中要有教化的力量才有用，佛法不是高高供在上方遠不可及。

這樣的理念，我從小讓女兒看在眼裡，問在嘴上，學在心底。孩子學佛有過程的，當她問時，我們不能敷衍。譬如在外面聽到有人惡意中傷道場、詆毀師公，她會起疑怎麼會這樣？我就耐心解釋，讓她慢慢體會，自己感受，她接近了，體會了，自然就能分辨，不要忽視孩子們的智慧，他們非常敏銳，當女兒懂得替師公的理念與人辯解，懂得為道場當怒目金剛，我覺得很安慰，這不是我教的，是她自己感受到的。

在洛杉磯南加大唸書時，只要師公到西來寺，她總會去請安，買個小玩偶逗弄師公開心，她說：「師公年紀大了，實在太辛苦，又沒有人敢跟他開玩笑，我跟他撒個嬌……」就是個孫子與爺爺的感情，就是孩子純善直接的情感表達呀！

女兒認定佛光山是「家」，我在國外常接到她在電話中：「我很久沒有看到師公了，很想念他……」一年至少回山看師公兩次是她自訂的規矩。

最近發現她會帶朋友去禮佛、拜法會，這不是迷信，是她自己體悟來的！我在佛前感動落淚，我可以驕傲的說我的信仰有了傳承！

我的結拜哥哥

說到我的結拜哥哥，真覺得他不去選舉太可惜了。無論到那裡，他總是能立刻成為焦點人物。

他是我的大學學長，印象中一直就是個很會照顧朋友的大哥哥，為人非常熱心。他好交朋友，人脈非常廣，只要有事請他幫忙一定義不容辭。雖然不是家財萬貫，但總是很大方的請朋友吃飯，維繫大家的感情，他的口頭禪是「大家開心就好！」

當我心裡有事或有困難無法解決，他總是我求助討教的對象，很想聽他的意見，就像親哥哥一樣。他總是跟朋友介紹：「這是我妹。」當朋友疑惑是親妹妹或乾妹妹，他就大聲說：「就是我妹啊！我的家人呀！」

我看著哥哥結婚生子、從單身而走入家庭，我還是嫂子的伴娘呢！他們的孩子，我也是從小看到大，聽他們親膩地喊我一聲姑姑，我心就酥軟了！大嫂和我無話不談，把我當妹妹一樣疼愛，我真的很幸運，被他們當成家人。

在我眼裡，哥哥是個非常重視且珍惜家庭的好男人。他工作非常忙碌，也常有應酬或朋友聚會，偶爾有朋友在男女關係上失了分寸，他都會私下勸告：「其實我們男人在外努力，最終都是為了心愛的家人。」暗示朋友別忘了老婆孩子，該適可而止。有幾次社團聚會，我看他喝多了嘮叨幾句，他總是告訴我：「你放心，哥哥懂得分寸。」他是真的知道自己何時該放下酒杯，讓自己平安回家的好丈夫好爸爸。

看他和大嫂孩子的互動，讓我對經營婚姻和親子關係有了更深一層的認知，也讓我了解原來夫妻有了孩子關係是更緊密的，我也期待未來的另一半是個愛孩子愛家的好男人。沒有一百分的婚姻，但尊重與包容能為婚姻生活加分，趨近圓滿。

哥哥和我，平時的互動全是生活瑣事，談不上什麼偉大感動，但這就是家人。有時大家都忙一陣子沒見面，他還會跟我說：「妹，對不起，哥前陣子太忙了都沒好好關心你，最近好不好？」我們彼此幫忙，把對方的事當成自己的事情，這樣的用心真的就是家人呀。

我的結拜哥哥，總是讓我想到媽媽的乾哥「阿華舅舅」。

從小，媽媽就告訴我「阿華舅舅是家人」。他真的也就像自家人一樣，經常在我們的生活中出現。

舅舅為人海派豪爽，對待朋友非常熱情而且講義氣，交友圈廣闊。記得我當年跑政治新聞，常有黨派衝突對立的新聞，他卻告訴我：「什麼藍綠，他們跟我吃飯時，都勾肩搭背的，感情很好啦！」讓我覺得實在有趣。

媽媽生病時，請阿華舅舅幫忙找熟識的醫生，他二話不說立刻找關係安排，而且從不早起的他，為了媽媽要檢查特地起個大早陪我們到醫院。他是個非常傳統、不會說什麼安慰或溫柔話的男人，平時是公司大老闆、大家族裡被倚重的人，在聽醫生說明病情時，我卻感受到他心裡的慌張。媽媽很冷靜鎮定地聽醫生的治療建議，舅舅和我則是非常不安，問東問西：「這怎麼辦啊？要怎麼治啊！」千交待萬交待一定要好好醫治他的妹妹，從他的焦慮看得出，這就是家人的親情。

我跟媽媽各有一個沒有血緣的親哥哥，真的很幸福！

阿華哥哥是家人

從朋友口中的阿華，到現在大家喊他華哥，我認識他竟已三十七年，很年輕就少年白髮的他，到現在一頭斑白的頭髮也是理所當然。

在當年《自立晚報》社長吳豐山的宴請文友之場合認識他，他話不多但喝酒很勇敢，酒過三巡話變多了，原來他是含蓄的人，藉著酒才有聲音，他是剛自己成立建設公司的老闆，算是創業中，為人真誠，對朋友義氣，大家聚餐次數多了，熟悉後也會各自聊起工作中遇上的困難；我因在媒體工作有些關係可用，偶也利用私交解決他建案貸款的問題，漸漸地跟他的家人也熱絡了，從他有兩個未上學的兒子，到嫂子生下小女兒，又投資堂姊夫彭長貴的彭園餐廳，別人看他成天在外應酬喝酒打牌，好像不務正業，但我了解他，他個性細膩，小有潔癖，廣結人脈就是他的另一種本錢，我見過太多比他富有的人，但比他大氣，肯為朋友無條件付出的卻少之又少！「哥」和「老妹」是我們數十年彼此的暱稱，我看著他一點一滴建構事業紮根台灣，卻突然無預警的告訴我他要移民澳洲，當時我正在辦加拿大移民，我說：

「那一起搬去溫哥華彼此也有照應。」

他堅持：「澳洲沒什麼時差，我回台較方便。」像他如此本土，又不講英文的人想移民？我忍不住問原因。

當時社會治安敗壞，有批道上兄弟總在各處工地找麻煩，需索無度，並威脅綁架他的孩子，他出於無奈只好遠走他鄉；像哥這樣的案例在當年很普遍，造就了一批移民潮。

沒有因為各自移民而疏遠，我一九九五年去墨爾本探訪他，他依然過台北模式的生活，不會開車的嫂子反而開起車當他的司機，送他去打球、應酬，他很快就跟當地僑社的台灣朋友熟悉，又吃飯、唱歌，熱鬧非凡，每年雙十節還舉辦高爾夫球賽，不管任何場合他都講閩南話，一桌人吃飯對著我說話，他就不自覺得用華語，朋友們笑說：「你妹臉上有寫『國語』兩個字嗎？」

他侍母極孝，在媽面前總是無語聽訓，這一大家靠他支撐，他從不計較的大方分享，包括我在內，我有求他必應，彼此情誼勝過有血緣的兄妹，我也深信我對他的了解勝過他的親弟妹，因為在他們面前他有扮演兄長威嚴的一面。

他愛熱鬧，出門總邀好友同行，有次帶了三個朋友到溫哥華看望我，我開車送他們到西雅圖機場轉機去愛荷華，四個人竟然在候機廳打撲克打到飛機廣播數次後無奈卸下他們的行李飛走了，就這樣誤了航班，在機場過了一夜，神奇吧！

更有次他跟嫂子兩個人飛到舊金山探望弟弟和大妹，讓我從溫哥華去會合；我們開了一部七人座車到那帕酒莊去參觀，抱回一箱紅酒外加一瓶金牌酒，當天晚上才到家，他把住在附近的同學找來，喝掉一箱酒，把我要珍藏的金牌酒也喝了，又到外面西餐廳開了三瓶酒，總算盡興！

我因溫市有會議，隔天一早天未亮，三嫂送我到機場，等到哥睡醒打來電話時，我已回到溫哥華。

他不但照顧家中的每個人，也愛朋友，為了幫朋友，吃虧受騙他不在意！當然他的有量有福也見證在孩子們身上，家庭成員中多了兩位好媳婦，四個可愛的孫輩，真是福慧之家。

很少看哥有愁容，直到媽媽病的那半年，媽九十六歲往生是高壽，她是位有堅毅美德的傳統女性，先生早逝，艱苦撫育兒女，直到大家各有成就，兒孫滿堂。她是家族凝聚的力量，七十歲時動了乳癌末期手術，完成化療後她長出一頭黑髮，她的快樂就是看到兒孫圍坐餐桌吃她做的飯菜。

哥是真的在乎媽的感覺，我常說他天不怕地不怕就怕媽一人！媽往生時是我第一次看他落淚，在媽的告別式中看見他多年累積的人脈，他的憨厚造就他的事業。

他仍然不擅言詞，仍然不喝酒不會說話，不懂與人攀談，但我真的了解他，因為我們是家人！

外婆與阿嬤

外婆

每每想到外婆，腦海裡總會響起，她教我唱日文《桃太郎》歌謠的旋律……桃太郎一路上救了很多動物，並帶著牠們對抗大怪物。我的外婆也是，她個性非常強悍，打理家裡大小事，即使舅舅阿姨們都已成家，她也總是幫著操心。

因為外婆在銀行工作，所以我們總是不用排隊就能拿到紀念幣、過年也總是能立刻換到新鈔。外婆從小受日本教育，退休後很愛去日本玩，每次返台都會為每個孩子準備一份禮物，因為我是獨生女、沒有兄弟姊妹和我搶奪，總是能一人獨佔，非常開心。

外婆總給人獨當一面、說一不二的女強人形象，總是活力十足、俐落幹練，但就在她生病後，瞬間變老了，癌症終究帶走了外婆。

阿嬤

阿嬤是外婆的大姑，因為膝下無子，加上外婆要撫養六個孩子實在辛苦，因此將媽媽過繼給阿嬤當養女。

在我眼裡，阿嬤總是笑瞇瞇、說話溫柔。她很疼我媽媽，愛屋及烏，也非常疼愛我這個孫女。記得我常年在國外唸書，每年回台灣的時間不多，阿嬤平時總是省吃儉用，媽媽給她的錢都存下來，等我回台灣給我一個大紅包，或是聽表姐說我喜歡什麼，就要表姐先買來放在她床頭，親手送給我。

最常聽到阿嬤說的話，就是「我老了、身體不行了，沒路用了。」藉由這樣的方式希望得到子女的關心。但即使生病，她仍然非常注重外表打扮，雖然不常外出，卻還是穿戴著整齊的旗袍，上美容院洗頭打理髮型，是很愛美的阿嬤。

天天誦經唸佛的阿嬤，常唸著要到佛光山走走，因為年紀大不良於行，我和表姐一家人推輪椅帶著阿嬤上山禮佛，她非常開心，有兒孫圍繞身旁，時時噓寒問暖，這就是阿嬤想要的生活。

阿嬤離開的那一天，我正在喝喜酒，接到表姊電話匆忙趕到醫院，原先只是小感冒，卻突然惡化。當時媽媽正在國外出差，趕回台灣已來不及見阿嬤最後一面。媽媽在電話裡交待我要如何處理後事，我按著媽媽的指示，在醫院指揮若定，希望阿嬤的最後一程走的平順圓滿。

兩個媽媽更幸福

生母，在我的印象中能幹、賢慧，但我知道她心中有怨，怨了一輩子，怨得很深……外公入贅騙婚生下她們姐弟三人後逃之夭夭，舅舅被日本人徵兵南洋戰死異鄉，就剩她和姨媽。外公過世她堅持不去上香，她心裡是恨，恨外公連名份都不給，她是私生女。包括外婆的另兩個養女，媽是家中唯一唸書的女孩，到第一劇場當戲院門口撕票的小姐，為了報考台灣銀行的工作，老闆同情她，請託有日本姓的弟弟收她為義女，改了名才考進去，直到光復後才改回姓名。

她在銀行認識很好的對象，優秀又被賞識的有為青年，即將外派美國，她卻不能跟他走，因為在外婆肚中未出生時，她就被外婆與好友的兒子指腹為婚了，當時約定生女嫁為妻，生男結為兄弟！

媽媽嫁進我們家，其實吃很多苦，因奶奶疼大伯一家，很多事我們只能委屈；爸爸是個慈悲善良的菩薩，對人總是寧可自己吃虧，這樣的性格做生意當然也不會賺錢，媽媽成了家中生活的支柱，台銀是高薪的鐵飯碗，她默默撫養六個孩子，撐起這個家。我排第四，因除了大哥已生了兩個姐姐，要生我時偷偷從後門溜出去的，就怕再生女兒，可我又是個女兒！我的本名有個「玲」，爸爸說就是「零」的意思，不要再生女的了！出生四個月，奶奶說四姑媽沒有生育，便把我送給她當養女，果然，後面招來兩個弟弟。

感謝姑媽和姑父，他們英明的說：「養女很難聽，不要改姓了。」我成了有名無實的鄭家人，牽扯不清，恩恩怨怨，養母是親姑媽，也是外婆收養的養女，所以也是姨媽。

為了上學，搬到台北租住親媽的三樓，房租應該有比較便宜吧！但媽媽與養母的關係好像有點變化，我才初一不太懂，只感覺不太對，後來懂了，媽媽看不起養父，覺得他是做粗工的，生活在一起矛盾愈來愈多，偏偏我是六個孩子中成績不俗表現優異的，媽媽對我的情緒很複雜，為了減少摩擦與衝突，我們只好搬走了。

對媽媽最大的刺激是有一次她去關渡宮拜媽祖，求籤擲筊，她說她有六個小孩，媽祖的筊都不對，後來籤告訴她只有五個小孩，媽始終耿耿於懷。

姐姐常說：「媽最不公平，把所有好的都生在你身上，藝術、美感、寫作……」嗯？我的辛苦與努力付出，大家怎都沒看見？媽媽常怨她把最好的一個孩子送出去！

其實是我命比較好，在媽媽家太幸福，被照顧得太好，生活環境好，小時的印象就是媽媽家有很多好吃的，有美軍顧問團買回來的花生醬……在媽媽家被保護得太好，像溫室的小花。而我被送到姑媽家，就像放牛吃草，我常感謝養父母給我極大的成長空間，自由和被信任，這是孩子成長過程中很重要的！

赤腳上山採野果，到藕田偷藕，爬到租住的茅屋前大樹上，一聽姑媽說：「你媽來了！」慌張中從樹上摔下來，到現在膝蓋還留有疤。

養父母家窮，但他們對我比親生的還疼！零用錢沒少過，好吃的都留給我，我是這一家的公主！養母沒有唸過書，但她的身教、言教勝過一切。為了幾十元的學費，她牽著我的小手，去村裡那有錢人家，拿下她隨身的金項鍊：「老闆，我這先押在你這裡，你借我一點錢，等月中我領了工錢就來換回去。」有錢人掂掂金鍊：「這是真的還是假的？」走出門養母對我說：「你要好好唸書，有出息才不會讓別人瞧不起！」

小二那一年，有天中午放學回家，看見對面住樓房的阿姨，用布包了一大包金子來找養母：「這是我的棺材本，怕我那不長進的女婿偷去賭輸了，就寄在你這裡吧！」

那阿姨是人家的小太太，女婿是來入贅的，想來是貪她的錢吧！她走後，我問養母：「我們這麼窮，她怎麼不怕我們呀？」

「人窮但人格可以很高尚啊！有人格別人就會信任你！」養母一生簡單、內向、不擅交朋友，但她的言行影響我一生。

高二那年暑假，有一天午前她在做飯，我走到爐前：「我今天要去我媽媽家跟我姊姊去看電影，晚上不回來。」我正等她回話時，她停了一下，不悅地說：「這麼喜歡回去，你就回去好了！」我當下含著淚跑回房，告訴自己不去了！

我不知道那天她為什麼有情緒，但那句話在我幼小的心靈中有點受傷，我經常要在媽媽與姑媽的矛盾中找平衡，她們彼此可能不覺得會影響我。

其實她們感情很好，媽媽往生時姑媽九十四歲高齡，我不敢告訴她，她總問：「你媽媽怎麼都沒來電話？」

「她身體不好，到鄉下朋友家養病。」連爸爸都瞞她。

「你媽媽怎麼過年也不請我回娘家？」

「她沒有回來，在鄉下。」我有點說不出口。

「那我打電話給她！」

「那裡沒有電話。」我強忍淚水轉身進洗手間。

兩年過去了，我知道瞞不下去，有天下午她午睡醒來，我告訴她媽媽往生兩年了。她愣了一下沒有反應，一定以為是作夢，過了一會兒，她開始反應過來：「怎麼沒有人告訴我，怎麼沒有一個人告訴我……」

「是我讓大家不告訴您，怕您難過！」

「怎麼不讓我看她最後一面……」我忍不住抱著她哭了。

她吵著去看爸爸，除了怪爸爸也感慨十一個兄弟姊妹就剩他們兩人。

隔年，姑媽九十七歲也辭世了，總是笑臉迎人的爸爸開始鬱鬱寡歡，總是靜坐不語，只有看到女兒最開心，因為女兒會親他，會哄他，他說她是小天使，菩薩的小孩！記得媽媽住進榮總就沒有出來過，她沒準備要走，也沒料到一進醫院就回不了家，前一個多月她還能吃、能說，有時陪她聊聊，感受她的不甘心，她的怨氣；我好心疼，心疼她一生為了我們犧牲了自己，可是她的怨我卻無法分擔，她是含怨而去，前後兩個多月就往生了，我們沒料到，她自己更沒料到。

人，有再多的恩怨，最後也就黃土一杯，兩個媽媽呈現不同的面貌，在我一生中不同的學習，不同的受益，擁有她們無私的愛，真的很幸福！

可愛的阿公

外公退休後，每天一早都會梳洗整齊，西裝畢挺、戴紳士帽，走路到菜市場，沿路跟店家小販聊天，非常快樂。每次回阿公家，一定有隻大雞腿等著我。其實，我感受到的是阿公把對媽媽的疼愛，延續在我身上。

阿公很疼媽媽，她在娘家就像嬌縱的公主，阿公阿嬤都由著她。我總覺得是媽媽小時候愛吃雞腿，所以阿公也用一樣的方式對待我。他是很樂觀開朗的老人，因為我不太會講閩南語，雖然溝通上不太通順，但是他會盡力以他學到的國語來跟我交談，是很可愛很可愛的阿公。

附：不是媽媽愛吃雞腿，是媽媽小時候只有逢年過節才有雞腿吃，在阿公的心裡，雞腿永遠代表著最珍貴的食物，所以他還是把最珍貴的留給最愛的孫女！

養父與我的革命感情

幼時的印象，養父很高大、很壯，什麼都會，村裡有喪事或喜宴都來請他：「總舖師呀，你一定要幫忙，沒你不行啊！」哦！他是大廚師耶！有人手拐了，腳折了，就到家裡來：「老師傅，快啦快啦，都腫了，不能走了……」他用酒推來扭去，那個人又皺眉又慘叫，最後老爸用麵粉和米酒調一調糊上去，就好了！在我幼小的眼中，即使他連小學都沒唸過，但他簡直就是我心中的神。

家裡迎來一頭牛，老爸每天拉著牛車上石頭山去搬運石頭，那是當年建房屋很高級的石材。兒時，沒有時間概念，只憑太陽往西下，下到河邊樹叢的高度，我就跑去山下等阿爸的牛車下山，遠遠地喊他，然後爬上牛背騎回家，好神氣！我像極這山寨的公主，跟男生吵架，就插著腰：「你敢打我，我就叫我阿爸打你！」突然有天老爸愁眉不展，拿著大碗喝悶酒，牛的腳插進釘子受傷了，不能工作了。有個清晨天未亮，來了一個人，阿爸帶著他走向牛棚，在牛的角上綁了紅絲帶，讓他把牛帶走，我忍著淚不敢哭，調頭跑進屋！

才過端午就颱颱風，淹大水，我們站在高椅上，水已快淹到阿爸的胸口，他眼看水淹速度加快，背著我們一個個涉水到對街米店的二樓求救，大水中，阿爸的背很堅挺！

他會騎很遠腳踏車，帶著我到北投街上吃一碗切仔麵，當我吃到那兩片薄薄的肉片就覺得很幸福，但他總看著我吃，我知道他自己捨不得吃。

阿爸開始水泥工的生涯，工地很遠很遠，他一去總是三個星期或一個月才回，當我知道他明早要出門，我就很早坐在後門等他，因為他要從後門跳過那條溪，走很遠的田埂路，大馬路那邊才有公路局，他看到我就彎下身從褲袋掏出一把糖放在我手上：「媽媽膽子小，你要照顧她哦！」我點點頭忍住淚水，他開門走了，那一刻我覺得我是大人，我有責任要照顧媽媽！

又要搬家了，這次搬很遠，因為我小學畢業了，要去台北考初中，聽說城裡的小孩為了考學校都要補習，我能考上嗎？可是我好像沒有想過考不上的問題！

養父母為我付出很多。鄉下沒有車，養父母不必擔心，他們剛到台北時連馬路都不敢過，讓我看著很心疼。阿爸仍然當他的水泥工，經常聽他提起互助營造的老老闆，我想一個小工能得到大老闆的賞賜一定有他不凡的表現。但到底是做粗工，我上高二時，有個早上看他推著破舊的腳踏車從樓梯口走出來，背駝了，我才驚覺他老了，我告訴自己要趕快畢業，趕快賺錢養他們，不讓他做工了。

養母從不對我訴苦，那天，她幽幽地對我說：「你爸昨天從一樓鷹架摔到地下二樓，那裡前兩天才摔死一個人。」我愣了一下：「不是給他零用錢讓他不再去做工嗎？」

「互助老闆親自打電話，說沒有他不行，他就禁不起好話呀！」

我走進他房裡：「爸，你真的不准再去做工，太危險了，再讓我知道我就不理你了！」他故作沒事，呵呵地笑。

有個很有錢又很挑剔的好友，在陽明醫院旁蓋了一棟樓，營造也請互助承包；她總在我面前讚美有個老師傅工有多細，多了不起，現在這種老師傅快絕跡了……像她這麼難侍候的人都讚嘆，那老師傅應該是真有工夫吧！直到有一天，她到我家來，看到書桌上一張老爸抱著女兒的照片，她好奇瞪大眼：「這就是我說的老師傅呀，他照片怎麼在這裡？」

「哦！他是我老爸。」我才知道他還瞞著我偷偷去做工。

我非常嚴肅地告訴他：「萬一你有個意外，媽要照顧你很辛苦，求求你別再背著我去做工，隨便你做什麼，錢不夠用就告訴我呀！」此後，他真的不去了，每天早上穿西裝、打領帶，帶著紳士帽去菜市場買菜，沿路跟人聊天說笑！愛屋及烏，他把對我的愛轉移到女兒身上，到現在她對阿公在遼寧街菜市場買的雞腿還印象深刻！

老媽媽常說：「你和你女兒是他真的疼入骨的！」老爸是個有個性的人，他當然不是完美的，儘管有人瞧不起他，覺得他出身卑微，沒有讀書，工作低下又好酒……但他仍是我幼小心靈中的神啊！我們在困頓生活中有深厚的革命感情，堅定不移！

你曾是我的知己

她「曾經」是我最好的朋友，但直到現在，我還是不懂，為什麼我們竟變成陌生人了。我想，這大概會是一輩子的謎吧！

我還是很在意那個「曾經認識」的她，她是我在加拿大認識的朋友，當時我們都只有十五歲，當年，我們互稱寶貝……

從小到大，因為個性大剌剌，男生朋友都當我哥兒們，反而沒什麼女生朋友。我一個人在加拿大唸書，雖然媽媽每個月都會來看我，但更多時間我還是需要朋友同學陪伴，尤其遇到來自台灣的朋友，更是容易常常聚在一起。

如果問我她是個怎麼樣的女生，我會把所有美好的形容詞放在她身上：美麗、溫柔、體貼、氣質出眾、善解人意。我常覺得她像來提醒我要「如何當一個女生」。

這是我第一次擁有的手帕交，我們分享所有的心情，幾乎天天膩在一起，非常開心。我們有許多共同的朋友，其中一個男生和我們成為「三劍客」，我們時常聚會，只要我和她吵架，這位男性友人就成為我和她的溝通橋樑，我們也總是很快就和好。兩家人也會聚會吃飯，彼此熟悉的程度，真的跟親姊妹沒兩樣。

她失戀時，我陪著她哭；她被欺負時，我替她心疼著急；我不開心難過時，她也陪我度過。因為有她，我有了更多女性朋友，我開始知道怎麼跟女生相處，而非總是只有哥兒們。一直到我們結束學業返台工作，都維持著一樣的親密交往。

但是，當她有了一個非常穩定的交往對象，並且計劃步入婚姻，我和她竟開始漸漸陌生了……

一開始是電話很少回、也經常缺席聚會，但我認為有了另一半本來就需要多一些約會時間，也沒在意。後來她出國短期進修，我還去探望她，聽她準備結婚的心情，感受新嫁娘的喜悅，我一心以為自己一定會是她的伴娘，我也很期待把我第一次的伴娘體驗獻給我最好的姊妹，一直在等她邀請我。但是，在她籌備婚禮的過程中，我卻完全被排除在外。她說夫家已決定伴娘人選；她挑婚紗挑喜餅挑喜帖，都是找其他朋友陪伴；我心想或許她安排我當招待吧？因為我們有那麼多共同的朋友。但是，除了收到喜帖和喜餅，我們沒有任何互動。我印象很深刻，當我到新娘房，看著那麼多好朋友圍著美麗的她跟她合照，祝福聲此起彼落，她的眼神卻不曾投向我，彷彿我是隱形人，在那個華麗的房間裡，我看著她，心情一路向下沉。我滿心歡喜參加我最要好的姊妹婚禮，卻被迫置身事外。

只要有朋友聚會，大家都會問我：「她呢？怎麼沒來？」沒人發現我們的變化，依舊認定我們是好姊妹。我非常受傷，我們有這麼多共同的朋友，她卻只選擇跟我切割。當朋友問我為什麼不跟她聯絡？我很氣惱：「為什麼你們不問她呢？」我有苦說不出，因為她不接我電話，就連換了手機號碼也沒告訴我，我好想知道我做錯了什麼，才會失去一個相交十二年的好朋友。

我記得去國外探望她進修，她對我說：「寶貝，我希望你記得一件事，不論將來發生什麼事、無論我們人在哪裡，你都是我最重要、最珍惜的朋友。」當時我只覺得奇怪，她怎麼會突然這麼說？現在回想起來，或許當時她心裡已經做了某些決定。

是什麼改變了我們的友誼？我問過自己無數次、為她傷心掉淚，我也好想當面問問她：「為什麼？」最近從朋友口中得知她當媽媽了，我掙扎了好幾天，要不要去看她，但她會希望我這麼做嗎？我放棄了！

或許，永遠都不會有答案，就是緣盡了，我必須放下，放下一段在我成長過程中曾經一起長大的姐妹情。

媽媽沒有教的事

女兒性格太像我，但有些地方太像我實在不好！

她對朋友，寧可自己吃虧也不佔人便宜，寧可選擇相信，經常受傷，而且傷得很重！」

我到五十歲才體悟「人會變」，被好友罵：「你真笨，人本來就會變！」這個「人的變」我沒有教會女兒如何應變，而她面對好友的「變」又來得特別早！

小學交了知心的好友，兩個小女生談心事，卻被對方父母因政治理念偏激，認為女兒是藍色家庭出身的，硬把兩個小女生拆散！初到溫哥華，班上有位表面風光背地有受虐傾向的女孩與她又結了姊妹交，這次更慘，因學校調查好友挨母親打的事，她選擇誠實面對，事後當然這位媽媽也不再讓她們交往並把女兒轉學了！最受傷的當屬這位白雪公主般的嬌嬌女友，她們勝過親姊妹。

對方交男朋友遇見問題，女兒就回來問我意見：「媽，我覺得勞瑞對她很好，什麼都遷就她，可是她卻喜歡最近認識的威利，威利很壞，把她呼來喚去，故意折磨她，我勸她也沒用……」這不過是孩子們成長的過程，我沒有很在意：「寶貝，她只是你的好朋友，朋友只能點到為止，選擇權還是在她自己呀，你別煩惱哈！」

她是用心結交這個朋友的，直到這女孩的乾哥哥到洛杉磯唸書，她還吩咐女兒多幫他，因不同校，有個週末我還開車和女兒去請她的乾哥哥吃飯，陪他聊聊！她畢業回台，找不到工作，女兒還說服我安插她到我公司上班，女兒把認識最好的男孩都介紹給她，真把她當自己的姊姊，直到她決定嫁給這位富二代的乾哥哥，也同時毫無預警與緣由的斷絕與女兒的友誼。

這次女兒真的傷到骨裡，反覆問我：「媽，為什麼？」我沒有回答，可是對一個麻雀變鳳凰的女孩來說，她砍斷自己的手帕交，最主要的原因不外是女兒了解她太多的過去與家世，或女兒的外貌與能力造成對她的威脅？

這些其實都不重要了，我還是勸女兒不必放在心上，丟掉她，祝福她！

這也是為什麼女兒會有好幾位姊妹般的男性朋友，他們率真、坦承，女兒成了他們交女友的顧問，包括知名的藝人好友談戀愛或密婚等都告訴她，當然是信任她的口風很緊。

朋友要交得長久，就是坦誠，虛假偽裝的友情總會幻滅的！

我的「姊妹淘」

二〇一二年十月，姊妹淘相約一起去峇里島，剛好碰到我生日，我突發奇想希望他們為我跳支正流行的「騎馬舞」。看他們認真地練舞彩排、圍繞在我身旁賣力舞動，我感動到幾乎笑出淚來，這是我這輩子最難忘的生日禮物！

其實，我的「姊妹」是四個大男生。說來有趣，這群朋友是由另一個朋友介紹給我的，但現在反而跟介紹人沒有太多互動。他們既把我當成哥兒們，卻也是我的護花使者；當我任性時，也會讓著我，接受我偶爾發作的公主病。

從在加拿大求學時認識至今，超過十年的交情，我跟他們無話不談，他們比任何人都了解我。為什麼跟他們會這麼合得來？我也說不上來。或許是因為我們都特別念舊，尤其回台灣後，曾經各忙各的疏於聯絡，反而讓我們有共識，要好好珍惜難得契合的好朋友，於是我們不時聚會、約定每年一起出去旅遊一趟，約定「當一輩子的朋友」。

五個人平時有彼此的生活，也不全在同一個城市，要聚在一起很不容易；但我們定期有「烹飪聚會」，大家邊做邊吃，非常開心。

個性溫和又細心的D，總能在適當的時機緩住我的急躁，也是教我開車的老師，且耐心的聽我談感情的觀點、家庭及工作的瑣事，又總能給我當頭棒喝，是非常可靠且口風緊的姐妹；「賢慧」的H簡直無所不能，舉凡推拿整骨、中西式創意料理、室內裝潢設計、電腦動漫創作等，他是最佳顧問。每次聚會他都費盡心思，讓我們吃到超級美食，凌晨到漁港買最新鮮的魚貨，從東區飆到天母為了買日本空運來台只有那家店賣的新瀉米，然後帶著我們從煮飯、調醋飯開始，到握壽司成形。我常跟他說等我嫁人，他要開烹飪課把我通通教會；J是藝人，音樂製作是他的專長，常常即興創作後當場在WeChat唱給我們聽，特別節日鋼琴伴奏，當我們免費的那卡西，他出專輯、開演唱會我們也全員出動到場在台下尖叫當小粉絲。他訂婚那天，我們還大言不慚說怎麼可能掉眼淚，結果他才站起來，我和幾個大男生立刻哭成一團，為他開心；B住在上海，一年只能回台灣兩三次，常看著我們聚會的照片和美食默默地蹲到角落劃圈圈。他也經常出差，我們常透過通訊軟體讓人在異地的他能隨時有我們陪伴，不寂寞。

他們都很善良，唯一的缺點是他們總是對我太直率坦白。當我遇到問題，他們不會像女性朋友般溫柔安慰，會直接給我當頭棒喝，尤其是經常打破我對愛情的浪漫幻想。他們認為這是保護我不被壞男人欺負的方式，他們自己是男人，了解男人的劣根性，因此他們希望我能找到一個懂我、寵我、疼我的男人。我還常跟他們開玩笑，如果他們不想辦法趕快把我嫁掉，以後他們就要在家裡為我留「Victoria 阿姨的房間」，以免我孤苦無依。

有次我鬧情緒，晚上就直接衝到一位獨自租屋的姊妹家，什麼話都沒說只是哭，後來其他姊妹也來了，沒人安慰我。他們打電動、看電視、看漫畫，任我在一旁哭累了睡、睡醒又哭，我一人睡床，他們打地鋪，整夜陪著我。直到隔天起床我還在哭，眼睛腫得像核桃，他們實在忍不住了，但也只是說：「你可以了吧！求求你別再哭啦！」對我來說他們的陪伴其實就是最好的安慰，我知道他們在，所以我可以安心發洩情緒，哭夠了也就好了，他們就在我旁邊，我不怕！

有次 D 失戀，獨自一人躲在家裡抱著馬桶喝悶酒，邊哭邊喝邊吐，我們幾個人連續廿四小時輪流去陪他，偶爾唸他：「可以了吧！一個大男人哭什麼！天涯何處無芳草呀！」我們就只是陪伴、確保他平安。後來大家陪他出國散心，居然碰到讓他失戀的前女友帶著新歡，而且就住同一個飯店！當時碰到颱風，所有的旅客都只能待在飯店裡的賭場殺時間，他一邊玩撲克、一邊還要看舊愛跟新歡在旁邊談情說愛，心裡很是複雜，我安慰他：「情場失意，賭場得意。」果然那天手氣非常好，贏得的錢幾乎讓那段旅程完全免費。

我們當然也有意見不合的時候，其中有個姊妹一談戀愛就六親不認、做出瘋狂的事，我們會義正辭嚴提出勸告，雖然改變幅度不大，但他至少願意聽我們的話，慢慢調整。有些事情我們也會透過彼此去向其他人溝通，友誼要長久，一定不能有心結，如果有任何不舒服一定要講出口，溝通過就好！

我想，我們就像「上輩子的兄弟姊妹」，很願意被對方麻煩、總是互相幫助、也常關心彼此的家人。我們的夢想是希望在未來的每一年，我們的成員都能增加，從彼此的另一半到我們的孩子，讓我們的友誼，能一直、一直延續下去……

朋友是最大的資產

傳媒工作的關係，我善於與人互動，有各種階層的朋友，上自總統府，下至路邊掃街的，他們對我來說等無差別，益友損友我分得很清楚，有些人位高心機多未必能成為好友，有些位低人善良又熱情，可以是兩肋插刀的知己。

我常把女兒帶在身邊，她從小可說閱人無數，常冷冷的看進心裡。

能深交一輩子的朋友，一定要好好珍惜，在她青少年期，我告訴她有些好男孩一定要當一輩子的朋友，不要談男女私情，在心性未定時談愛情很容易幻滅，分手後也失去一位可以成為知交的朋友。既然是朋友，女兒也就不避諱的約大家來家吃飯或我帶他們去烤肉，喝咖啡。從互動中，我觀察孩子們的言行舉止，不是每個孩子都一百分，但我學會欣賞他們的缺點，其實也因為有這些未成熟的心性，才讓他們有成長的空間。

孩子們很敏感，女兒有次聊天告訴我：「保羅覺得你不喜歡他。」

「哦？為什麼？」我心裡一愣，我是真的對他的某些行為不以為然，可是我並沒說啊！

「不曉得，他就是覺得！」她的小眼睛看著我，等我的答案吧！

我們的一個眼神，一個態度其實都看在孩子眼裡，我悟得要跟孩子們做好朋友，必須坦誠相處：「其實他的感覺是對的，媽覺得他有些規矩不太好！」

「那你可以跟他說啊，就像你說我一樣他就懂啦！不過你不能只看我朋友的缺點，他們也有很棒的地方啊！」她已經學會說服我。

在她的成長過程中經常在鬥法，她太聰明，我要很小心免得掉入她的小計謀，有些話我聽進去，有些話我要思考。

我除分享她和朋友之間的情感，也分憂他們各自家中不為人知的困境，真是家家有本難念的「經」，但有的「經」讓孩子們煩惱，爸爸失業了，爸媽失和了，老爸外遇了，老媽股票賠很多錢，弟弟的女朋友媽不喜歡……哈哈哈！誰說他們沒有煩惱？最煩惱的是談戀愛吧！

「柯爾把他女朋友寵成這樣，大家都看不下去了，那女孩很壞耶！都要他買名牌包，自己又跑去劈腿……」

「你幹嘛這麼氣憤，他又不是小孩，自己甘心當大頭怪誰呀！不過既然是你的好朋友，你應該找個時間跟他聊聊，自己又沒賺多少錢，用家裡的錢泡這種妞太划不來！」

總在潛移默化中告訴孩子怎麼交到好朋友。

朋友就是需要對方時，永遠守候在自己的身邊。這一生影響我最深的是曹又方，從學校畢業，在一次文友聚會偶然遇見她，也是因緣吧！從此她帶著我參加各種藝文活動，週末跑好幾場畫展，認識很多藝文圈朋友，我像她的小跟班。她教會我很多事，怎麼欣賞畫、怎麼看作品，怎麼看電影，讓我能寫畫評、影評，為別人的書寫序。她三十八歲移居紐約，五十歲簡志忠邀她回台加入圓神出版社，後又創方智出版社，她的才華橫溢，直到現在她的文集仍是我認為近代女作家裡創作最有思想與才華的一位。

我與她的默契總在一個眼神我就知道她什麼意思，然後兩人相視而笑，別人不懂我們笑什麼，她常說：「羽書最了解我！」

我最佩服她的心胸寬厚，因為她的美讓她在感情路上走的坎坷，多少男人佔了便宜還賣乖，佔不到便宜的也趁機批判，但我從沒有聽過她口中說那個男人的下流或怨氣，她不屑吧！有個男人自認文壇才子，說些不入流的話，曹又方確實對他有情，從不回應，他卻自鳴得意，這種人縱有文才也太無德！只要有人提起此男我就破口也不在乎形象了，我瞧不起這個人，他的文章我不看，他在場我轉頭就走，他不配在文壇自以為是名人！

我們的思維有很多相似，只是她生性讓人感覺冷，但她冷中卻有極大的熱情，我生性外放，內心卻有自閉的一角；她第一次癌症開刀回家，第二天我堅持帶她看一位中醫，我和她的姪女戴南在寒風冷雨中背扶著她上計程車，那一刻我感受到她的脆弱。但她的生命韌度很強，經歷兩次手術無數化療、中醫藥物、氣功，所有能夠延續她生命的方式她都配合，我從她身上看到堅毅，如果是我，我早已放棄。

身體漸癒，她沒有停下腳步，常看到她形單影隻四處奔波演講，望著她走遠的背影心疼落淚。有次在上海，飄著雪，她趕去電視台錄節目，在路邊叫不到車，我低聲地問：「你一定要這麼累嗎？」為推展書她配合北京的出版社安排四處演講，辦簽書會，不管路途遙遠或只是偏遠城鄉，這一切我懂，她只為替兒子買個房，盡一個做平凡母親的責任。

有次她帶著姐姐和姪女到大連看我，她說很想回岫岩老家看看，巧的是好友《半島晨報》的副總編王小岩是岫岩人，舅舅還是當地書記，小岩領著她們去老家尋根，還風光的上了電視，那次旅程滿了她的心願，也讓我無憾。

寫這一段只想說每一個朋友都有不知不覺影響我們的地方，而曹又方是影響我一生的朋友，她離開了，卻讓我常常思念……

球球，我的寶貝

第一次看見球球，牠才一個月大，好小好小，牠是朋友養的貓，在朋友忙碌無暇照顧時，我就自告奮勇當保母。當時我在溫哥華唸書，後來朋友結束學業要返台，我爭取從保母變成「媽媽」。

那時候球球已經一歲多了，和一般驕傲冷漠的貓很不一樣，牠怯生生的、很黏人、眼神沒有光采。因為之前的主人為了方便照顧，經常把牠關在廁所裡，對愛乾淨的貓來說，和排泄物共處是很不能忍受的。我花了很多心力照顧牠，從牠愈來愈活潑、眼神充滿自信，我知道，牠真的知道自己被愛著。尤其，當我在清牠的便盆時，牠經常在我身邊繞來繞去，眼神充滿驕傲，彷彿是在說：「看吧！我也是有人疼的。」

我沒有養過寵物，也不知道要如何對待，我只知道我很喜歡球球，一心一意想照顧牠。從小到大，我都是被人照顧的，球球讓我知道，原來，我也有照顧別人的能力。球球是家貓，因為我擔心牠會走失，平常不讓牠自己亂跑，所以只要是出門，不是要洗澡就是到醫院打針，因此牠非常痛恨洗澡和被關到籠子裡帶出門。為了幫牠洗澡，我曾經雙手被抓得傷痕累累，為了強迫牠就範，被牠惡狠狠地瞪著、跟牠對峙；牠拉肚子時弄得地毯到處都是穢物，我大費周章清洗地毯；為了帶牠到醫院，大老遠開車又塞車幾個小時接送牠。為了哄牠打針吃藥，我常常是又急又氣還掉眼淚，著急牠生病不舒服、氣牠為什麼不乖乖聽話。

就這樣一點一滴，我學習怎麼照顧牠，和牠開始有共同的默契，知道牠喜歡什麼討厭什麼、曉得牠的脾氣。雖然當時我才十九歲，但是我真真切切的感受到，當父母面對孩子生病時，那種焦急、擔心和牽掛。也讓我想到自己生病時，父母也是這樣為我煩憂的，我不該抱怨他們囉嗦。

我深深體悟到，照顧一隻貓已經讓我手忙腳亂，真的不是只有餵飽牠這麼簡單，如果是養育孩子，那將有多難？我真的無法想像。就如同我媽曾對我說：「要是沒有你，你知道我能買多少名牌包嗎？」我也很想對球球說：「你知道為了你，我少逛多少街嗎？」

我媽知道球球成為我們家的一份子時，只提醒我，從此球球是我的責任了，牠是一個生命，我要照顧牠一輩子。我的生活有了很多變化。我在外面玩樂到比較晚，就會想到球球總是會為我「等門」，從房間衝到門口迎接我回家，很窩心、很期待；當我必須幾天不在家時，我要為牠安排住所和能陪伴牠的人；因為球球小時候的環境讓牠十分缺乏安全感，甚至我出門時會把電視開著，讓牠感覺有人在家陪牠。當球球跟我鬧彆扭時，牠除了會屁股對著我不理我，還會故意去找我室友玩耍，我就會很受傷地覺得我這麼愛你，你怎麼可以這樣對我？但同時我也想到，當我跟媽媽鬧彆扭時，她心裡一定很難過。甚至還有一段時間，我比較少待在家裡，牠為了得到我的注意力，故意跑去我出門會帶的皮包上尿尿，以示抗議！當然，牠得到了我的注意力，因為一整個月房間都瀰漫著牠的尿騷味。

當我工作很忙碌，有時候必須在家加班，牠總是在我的電腦螢幕前鍵盤上走來走去，吸引我注意，我好氣又好笑，在我的書桌經常上演著這樣的戲碼：牠走過來擋住我視線，我將牠抱下桌，牠又跳上來。當我出國旅遊或因公出差有幾天不在家，一回到家，球球第一時間會飛奔到門口迎接我，但是接下來就會跟我「冷戰」，有兩天時間會屁股對著我也不回房間睡覺，像是在抗議我為什麼這麼多天都不回家，這時候我就會跟球球撒嬌，跟牠說：「不要這樣嘛！我每天都很想你耶！你都不想我嗎？」總是要逗牠幾天，牠才會回復到那可愛黏人的模樣，連我媽都說我把球球當情人了，但是對我來說，球球就是我心裡好深好深的牽掛。

球球跟著我從加拿大、美國，一直到我畢業回到台灣。本來我不讓牠睡床的，四年前我突然覺得，依牠的年齡，也算步入中年了，我想多些跟球球相處的機會，從那時起，我的床有一半就是球球的。每天晚上睡覺前，我就看著牠，跟牠說：「球寶貝，晚安。」每天早上，牠也會準時七點叫我起床，有時候實在起不來，用手摸摸牠的頭，牠也就安靜下來不再吵我。

我還記得牠往生的那一天晚上，十一點多我還在朋友家，突然覺得應該要回家了，朋友送我到家時，球球很開心地跑到門口來，我抱起球球向朋友打招呼。當我回到臥室準備換上睡衣，突然聽到球球大聲喘氣的聲音，我腦筋一片空白，完全不知道發生了什麼事，我只是手足無措地對球球說：「球球，你怎麼了？」在去醫院的路上，我心裡知道球球已經走了。等醫生判定球球往生，我還是崩潰了。我抱著球球回家，將牠放在床上，牠熟悉的睡覺位置。

對於牠的離去，是我這輩子第一次這麼深刻的感受到「死別」之痛。以前最享受的悠閒時光，就是我看電視，球球在旁邊靜靜的陪著我撒嬌，我總是要留一半床的位置給牠，現在我可以一個人獨佔大床卻很失落。以前我不能關房門，因為要讓牠能自由進出；以前我不能在臥室點香氛蠟燭，為了牠的安全……我的生活習慣配合著牠，因為照顧牠是我的責任，但現在這些事我都不必在意了，我卻有好深好深的寂寞；以前我失意時會對著牠哭，開心或不開心都可以用力的抱著牠，跟牠撒嬌、訴苦、談心，現在牠走了，我……整個人……空空的……

但是，我沒有任何遺憾，跟牠在一起的日子，我用心照顧牠、愛牠，給牠我所能給的一切，沒有留下任何一件來不及為牠做的事，跟球球的所有的回憶，都是滿足和幸福。牠在我的生命中，成就了我好多事，扮演了好多角色；家人、朋友、手足……我真的很開心，十幾年來，我們有過那麼多美好的時光。

為了讓我能安心在國外唸書，媽媽必須在台灣工作，沒有很多時間能陪在我身邊，這一路都是球球陪伴著我，球球的離去讓媽媽也難過得眼淚掉個不停，她說她最感謝球球這十幾年來，常常在我很需要陪伴的時候，幫她這個忙碌的媽媽陪伴她最愛的女兒，她心裡有無限的感恩。

球球真的很有福氣，在牠離去後，我想通知曾經幫我照顧過牠的朋友，這才發現，天啊！有幾十位我的朋友都曾經幫我照顧過牠，愛牠的人好多好多。

牠走後，有好長一段時間我吃素，每天中午的休息時間，獨自一人為牠誦經。

死亡是無可避免且必然會發生的事，我強迫自己去接受與面對牠離去的事實，相信牠去了一個更圓滿的世界。牠在人間的功課已然完成，我對牠的離去，只有滿滿的祝福和思念。

修行的貓咪球球

近深夜十二點，女兒淒厲的電話聲：「媽，球走了！」

「走了？怎麼會？牠好好的呀？」我的腳軟了，慌亂的穿上衣跳上計程車直奔寵物醫院。

知道球的存在是女兒要去美國唸書，我準備賣掉溫哥華西區的房子，一對義大利年輕夫妻是第二次要求看房，第一次來時我不在，聽口氣他們很喜歡房子，希望再看一次，進門就說：「我們有個六個月的嬰兒，你家養貓，又是長毛地毯，幼兒很容易過敏……」未等他們說完我搶了話：「貓？我沒有養寵物啊！我從不養寵物怎麼會有貓？」不養是怕失去的痛！他們驚訝的看著我，我也瞪大眼睛望著他們，仲介約瑟夫肯定的說：「我們上次來看到有個貓的便盆在客廳角落。」我思緒一轉：「喔！有可能我女兒的朋友帶貓來玩，等她回家我問一下！」

房子後來是成交了，而貓的答案如我所想：「安迪出去旅行，寄在我們家兩天……」女兒說得心虛，我沒有多問，直到她要去南加大就讀，不得不對我坦白：

「媽，我要帶貓咪球球去美國。」這句話讓我愣了很久，那感覺就像我要帶女兒去加拿大移民時的決心，沉重壓力與責任，經過討論、分析，讓她清楚這是不離不棄的承諾，我答應她帶球去洛杉磯，住進宿舍。

球球是波斯貓中的金吉拉種，銀白的長毛，給人「我是國王」的神氣感。牠非常愛乾淨，便後一定繞著我叫我去清掉。牠永遠知道我是家中最好欺負的一個，女兒去上班牠就睡覺，下午四點多起來喝了水就跳上我房間的長台，漫步到我的電腦邊，跳上我的鍵盤，故意踩踏幾次，亂了我的工作。

「球，下去，別搗亂。」一躍，牠跳下長台。

然後又重複一次，再一次……它當遊戲一樣玩，而我就是牠的玩伴。繞著腳邊轉圈圈，這是牠極度示好要魚罐頭吃，直到牠吃到為止。

過一下，牠又裝無辜的前前後後跟著我要牠的貓草，這種草很神奇，除了幫助消化牠聞了就像吸鴉片，陶醉地在抓板上打滾！

牠常跳上窗台，望著遠方很久很久，我總走過去摸摸牠：「球，你在看什麼？想什麼？」

從溫哥華、洛杉磯再搬回台北，球寶貝你是不是也覺得累了？

有陣子我還起心動念想帶牠去大連跟我作伴，奈何不人道的政令，凡從大陸來的牲口一律撲殺，所以我只要帶走牠就回不來了，讓我怯步。

牠被圈養在家中，不能讓牠出門半步，為了讓牠有點活動總追著牠跑，牠常衝過頭撞到客廳的落地窗，踉蹌收起腳步躲進佛堂裡，我常說：「球，拜佛，跟著媽咪拜佛，來……」

牠總似懂非懂望著我……

我最不喜歡做的一件事就是把牠裝進籠裡送牠去洗澡，女兒懇求著：「只有你在家呀，我中午只休一小時，回來帶牠很趕……」

我要趁其不備的抓住牠放進籠裡，否則牠會躲進角落，任憑我使出渾身解數也沒有用，還告訴來接的寵物店員：「請你不要按電鈴，打我手機我幫你開門。」為了不忍牠挨餓太久，我空時就趕快去把洗好澡的帥寶貝接回家，當我打開籠子牠不理我，先去吃貓食、尿尿，跑進房間，屁股對著我，表示很生氣！我逗弄牠，拉起牠的前腳：「好朋友，握握手」牠作勢要打我，我總動作比牠快的摸著牠軟軟的腳，一來一往的玩起來……

女兒加班回來，我靠在她床頭看電視，牠飛奔過來對著我叫，示意我不可以躺坐在那裡，牠幫最愛的人守護地盤。

我常說牠是女兒前世的情人，牠總是深情的望著她，不管女兒在做甚麼！女兒晚回牠就在門口等著她進門，然後跟她一起走進房間，多少我不在女兒身邊的日子，牠替我陪伴與守候，牠是菩薩派來的使者。

多少貓主人看上球球，要求與母貓交配，球就是不肯，就是拒絕，牠是來修行的！

球身體狀況非常好，雖然十四歲，但除活動力稍減，我們從不認為牠老，那晚牠等女兒進門，陪她玩了一會，女兒才進更衣室，球就心臟病發走了！前後不到五分鐘，以生死論，牠修得太好了，我們不也是為修得好死而做盡功課嗎？

球球往生，我只有感激與祝福，但難過的程度不亞於失去父母，我知道球球任務完成了，菩薩把牠收回去繼續修行。不可思議的是，兩年前女兒告訴我：「你幫我問哪裡有地藏王菩薩要上金身，我要去供養。」

「你怎麼有這個想法？」我隨口問。

「我也不知道，高中的時候就在想……」

我聽聽沒當一回事，二〇一二年三月中我在星馬巡迴演講，女兒又專程打電話來提醒我：「媽，你一定又忘了，趕快幫我問問。」

「一定記住，一定記住！」這次不能再敷衍。

我打了電話給極樂寺住持永範法師，他說：「極樂寺地藏王菩薩是陶瓷的，不能上金身，我幫你問問，佛光山去年地藏殿火供重建，可能快好了……」

性急的我，沒等永範法師回話，我打給黃淳靖師姑，請她就近幫我探詢，就在我和女兒火化球球寶貝等候牠的骨灰時，師姑電話打進來：「地藏殿的地藏菩薩塑金身功德每人一萬元刻一個名，今天要截止……」

女兒含著淚說：「這好像安排好的，球就要回去修行了。」她供養三萬元，刻了球球的名字。

當我陪她幫球球的骨灰樹葬後，我們相擁痛哭，今後，就我們兩個相互依存了……

附：感謝《澄毅動物醫院》的許醫師長期以來耐心、細心且慈悲照顧球球。

兩人的旅行

聽我媽說，從我兩歲起，就跟著她四處旅遊，雖然很多事我已不記得了。對很多人來說或許很不可思議，但我很喜歡跟我媽一起旅遊。

我媽是個很神奇的女人，她非常喜歡開車，而且方向感奇佳、技術一流。不論在台灣或國外，只要她手上有地圖，就一定能找到目的地。尤其在國外，無論是時速一百公里以上的高速公路、或者是深夜大雪濕滑難行的路面，她都有辦法駕馭自如。

當我完成加拿大高中學業，要到美國讀大學，計畫從溫哥華開車到加州。當時沒有所謂的電子導航系統，只有紙本地圖。我媽陪著我，帶著家當行李，浩浩蕩蕩展開三天兩夜的搬家之旅。媽媽不放心我開車，總是由她一個人連續開車好幾個小時，按圖索驥往目的地前進。一路上我們拜訪親友，天黑了就沿路找旅館，早餐就是到街上享用豐盛的美式早餐，吃飽再上路。

我和母親出生在同一個月份，有一年相約到日本泡溫泉一起過生日，我們分別從兩個城市飛到日本相聚。那是一位朋友介紹的溫泉旅館，據說曾是天皇御用。但是路途極為遙遠，不是一般觀光客會去的，從下飛機搭火車前往，還要換搭巴士，到達附近的小村莊後，再等旅館派小巴士來接我們。

那是一段非常有趣並且美好的旅程。日本傳統旅館的完善服務讓我們賓至如歸，面海的溫泉池和豐盛的懷石料理，讓我們在泡湯可以摸到海，在房裡吃飯竟跟我媽拼起酒來，那情景至今都很難忘。有趣的是，旅館裡只有一個稍懂英文的員工，或許是怕我們感覺他們不禮貌，旅館服務生不願意和我們比手劃腳，只要我們有任何需求，一定要找那個員工來溝通後才放心，常讓我們哭笑不得。

旅行對我來說是生活的一部分，我不愛走馬看花，因此也不喜歡參加所謂的旅行團。我會花時間做功課，自己安排行程內容，往往都是在一個城市待上幾天，不一定要去風景名勝，就是讓自己融入當地人的生活，好好地欣賞這個地方的人文景色。母親和我都喜歡這樣從容不迫的方式，我們常捨棄飯店的早餐，到街上閒晃，找美味小吃，四處隨意逛，也許是一個漂亮小巧的公園、頗富詩意的碼頭、一間可愛的小店，都能讓我們駐足良久。

我們的旅行非常有彈性，即使安排好行程，也可視我們的興緻調整。例如為了享受美食，我們可以等到晚上九點十點才吃晚餐，或是逛逛當地的市場，看看有什麼好玩好吃的東西，隨時隨地保持一顆好奇心。旅行中增進我的眼界，常和我媽探討人性、藝術、靈性……真的收穫很大。

她是我的好玩伴

相同的星座，跟我只差一個禮拜的生日，或許這就是我和女兒臭氣相投的主因，我們很能玩在一起。記憶中，她兩歲半，還走得踉踉蹌蹌就帶著她跟著生母的台銀員工新年旅遊走南橫，早上五點多眼睛沒張開就搖醒她穿著厚厚圓圓的太空衣，戴上毛帽去爬山；三歲，帶著她去菲律賓，演講時把她托在好友家與她的女兒一起玩，接她時第一次看她哭得這麼委屈。「為什麼哭？」我安撫著她。

她抽噎地指著好友家的保姆：「那個阿姨好黑哦，我怕怕……」趕快把她摟進懷裡，原來她沒有看過膚色較黑的人種。

她四歲還梳個小包頭陪我聽京戲，看那做工精美的戲服總讚嘆：「那衣服好美哦！」當時李美彌導演和紅極一時的沈海蓉常帶她出去玩，可見她多討人喜愛！

她七歲時，跟著我去保羅蓋提博物館，在漢廷頓圖書館欣賞一幅幅世界級名畫，看她目不轉睛地，深覺孩子的視野應是這樣一點一滴培養出來的；現在的國人太有福氣，不用太多的花費，在國內就可以經常看到國際級展覽，真是幸福！

隨著年紀漸長，我們分居不同城市與國度，甚至在機場擦肩而過，但我們仍然約定一起出遊，在羅馬的夜晚，路邊小店的一杯咖啡也可以東南西北聊不停；她會婉轉的說：「你喜歡噴香水，但上飛機或去醫院等公眾場所最好不要，因為有人對香水會過敏。」我才驚覺她比我細心、周到；到紐約聽歌劇、看展覽，在旅途有時我也會任性的耍個公主脾氣，女兒會無奈的哄著我，這點點滴滴無形中養成我們彼此的依賴！

她換了新房子，手頭實在沒錢，還想帶我去奧地利，「兩個人這一趟又是一萬美金，算了，明年再說吧！」我提議放棄。

當我對她說：「今年比較忙，明年我們搭遊輪去地中海……」不等我說完，她拉著我：「媽，那時候說不定我要結婚，現在不能計劃那麼久呵！」這句話真的驚醒了我，對耶！當她結婚後有了自己的家，我就不能隨便把她叫來叫去，在她婚前我更應該珍惜與她每一次獨處與旅行的時刻……

愛美

在穿著打扮這件事上，除了不准穿耳洞與染髮之外，我媽媽維持她一貫的尊重態度。

跟很多會被父母批評穿得不倫不類的青少年比起來，我是真的太自由。現在回想青少年時期喜愛的穿著，坦白說，我認為太誇張了。

我很愛去五分埔買衣服，記得高一暑假回台灣逛五分埔，在一家店買得很開心，想著下次還要來，拿起店裡的名片一看，居然寫著「專供酒店制服」，令我傻眼。我只能說，每個人都有年輕不懂事的時候，哈！

我記得有一次染髮，我母親非常生氣，告訴我不能有下一次，我就乖乖染回來。我想穿耳洞，她幾次說要帶我去，卻都半途反悔又折返，「這麼漂亮的耳垂，還是不要穿了。」現在她說我自己決定，但我也沒想穿耳洞了。

我媽對孩子的態度非常有原則，不行就是不行，沒有討價還價的空間。當我告訴她我想做什麼事，會告訴我為什麼不能做，一直是很講理的媽媽，但她曾說過一句讓我很難過的話：「因為你是我的女兒，很多事情，你就是不能做。」，我不能接受，我那明理的媽為何用這個話來阻止我？我從不覺得她是名人，我只覺得委屈，為什麼別人可以，我卻不行？

但是，我為什麼聽她的話？因為我尊重她，我希望她開心。我不希望她生氣不高興，所以我選擇不去做。很多事情對我來說，我只是想去嘗試，不見得真的喜歡，但我認為，這是我的人生，我只是希望我有機會體驗。

我媽是非常時尚的人，而且挑衣服眼光極好。她雖然不會糾正我的穿著，只會偶爾提醒：「女孩子要端莊、有氣質！」在我們一起逛街時，她會挑些衣服讓我試穿，穿起來也的確非常適合我，我很仰賴她挑選衣服的眼光，現在我們很多衣服都會互穿，因為她太了解時尚了，並且了解我的需求！

孩子的裝扮

女兒自幼並不是一般人認知的那種乖巧聽話的孩子，她有自己的想法，我只是按照她的想法費心引導。

譬如小四的孩子們要一起去看電影逛街，我不准，但我會告訴她：「你們太小，又沒有大人一起，萬一遇到壞人或意外你們的反應還不足以應付，所以不可以，等我有時間我帶你們去啊！」當她的同學說你媽媽真討厭，都不准你跟我們去看電影時，她就會回答：「其實我媽媽也是為我好呀！」

青少年期更有自己的主張，穿著打扮雖不標新立異卻也走在時代尖端，七年級暑假回佛光山參加夏令營，永均法師看她超短的裙子對她說：「你沒有錢買布我給你，把裙子加長一些哈！」永均法師跟我說：「一群男生跟在她後面跑！」

我常帶她出去跟朋友們聚會，記得五歲時，有次好友們談論我一雙新鞋，她對曹又方說：「曹阿姨，我媽媽身上值錢的東西都是黃麗穗阿姨送的，她最會用很少的錢把自己裝得像有錢人家的人！」引起哄堂大笑。

曹又方對她說：「你媽媽真了不起，用很少錢把自己裝得像有錢人家的人多不容易啊！」

小學三年級送女兒去柏克萊上暑期班，住在朱寶雍家，吃過晚飯曹又方總牽著她的小手去散步，經過開滿繡球花的院子，曹又方就進去剪幾枝花，告訴她不可以說，但回到家她就忘了，很開心地又蹦又跳：「曹阿姨帶我去剪花！」朱寶雍為了不讓她價值觀錯亂，就嚷著：「曹阿姨做最壞的示範，你不可以學，會被警察抓去。」她無辜的看著我，曹又方也不示弱：「花開在那裏沒人管，花那麼多錢去買花，何必呢！」

女兒在我朋友群中人氣很旺，有次我講她：「這衣服太露了，穿那麼高鞋子做什麼？」曹又方接口：「衣服、鞋子有甚麼好管，你管點別的嘛！那麼漂亮的腿穿上短裙多好看，年輕愛穿什麼穿什麼，我們現在想穿，也不能穿啊！」這句話倒讓我深思許久，也是，此後我不再干涉她的穿著。

我回想養父母給我極大的成長空間，我十七歲開始化妝、穿高跟鞋爬皇帝殿、週末到再春游泳池跳土風舞，在親媽眼裡我是叛逆，但我並沒學壞呀！後來在家人眼中反覺得我比在溫室長大的兄弟姐姐們有作為。朋友們常問我怎麼管孩子，把她教的這麼好！坦白說，對女兒有虧欠，小學畢業就出國，這些年她雖然隨時找得到我，但我並不在她身邊，她的好是因為我對她的信任，在別人眼中她說不定也是叛逆的孩子！從小對她的管教就是畫一個框框，隨著她年齡增長，框框對角直線放大；給孩子成長的空間，犯錯的機會是我最常說的，不用擔心孩子犯大錯，在我們用心關注下怎麼有機會犯大錯呢！

有時與女兒聊天，真的有趣：「你好在遇到我這樣的媽，你如果碰到別的媽一定死得很難看！「媽，你跟別的媽最大的不同是別的媽媽生氣就不理她的孩子，不跟他們說話，可是你生氣還會理我……」

那是因為我不混淆事情，一件事是一件事，不會因為遷怒而讓孩子無所適從，孩子就是孩子，他們需要安全感，不回應孩子其實是會讓他們恐懼的！

不在意孩子的穿著打扮，當然也有底線，不可過於暴露置自己於危險境地，不可標新立異把頭髮染成金的、紫的、綠的，不是藝人不需貌不驚人死不休；交友我是關注的，經常無預警出現在她校門口等她下課，看她跟什麼同學走出來，行為舉止如何？都和什麼樣的同學、朋友交往？可以約朋友來家玩，不可以去朋友家過夜，遊戲規則要有的；國有國法，家有家規，不要告訴我「時代不同了」，時代不同不表示可以隨心所欲呀！在朋友眼中我時尚先進，但我有所本。

我疼女兒，也疼女兒的朋友們，看他們有越雷池之處，也會像自己孩子般引導，讓他們接受而不討厭我，沒有秘方，只有「用心」兩字。

就曹又方說的，衣服鞋子有什麼好管，要管到心，讓孩子們心中有我們也就無事不辦啦！

品紅酒是種生活態度

紅酒對我來說，就是一種「生活態度」，從容不迫、優雅自在，一個人的美好時光。

幾年前，當我還從事新聞工作，長期的忙碌讓我的喉嚨變得異常脆弱，跟朋友聚會時，只要喝到稍烈的酒或唱歌，總要沙啞至少三天才能復元。在無法改變工作形態、又不願剝奪僅存的生活樂趣的情形下，我開始學習當一個優雅的紅酒人。

對照過去和朋友喝紅酒的經驗，就是「亂喝一通」，紅酒對我來說只是酒類的一種，也沒所謂的喜不喜歡。隨著年紀漸長，忙碌工作之餘，想培養一點自己的興趣，而紅酒給我的感覺，一向就是品味和優雅的代名詞，就像透明的高腳杯裡放著紫紅寶石，散發神秘多變的香氣，無論和三五好友暢談心事，或一個人慢慢啜飲看一本書，都是很棒的享受。

第一次認真學習紅酒，是受好友在尾牙抽獎獲得的著名紅酒漫畫影響，我和好友一起看漫畫，分享我們所喝紅酒的感受。我很享受在忙了一天之後，一個人靜靜地喝一杯紅酒，沉澱一天的心情，舒緩所有的緊張和壓力。

品紅酒這件事對我來說，就像在欣賞一幅美好畫作，會想了解它的一切；紅酒也是，酒莊的歷史、葡萄園附近的地理環境、那一年的氣候如何影響葡萄品質、釀酒師的故事……我閱讀大量相關的書籍雜誌，吸收各種紅酒的知識，但總是零碎的片段，我並不擅長整合，於是我報名國際侍酒師課程，藉由完整而有系統的學習，讓自己對紅酒有更深入的了解。

記得剛開始迷紅酒，下了班總是倒一兩杯邊看電視邊品嚐，但看在我爸眼裡，嚇得直擔心我是不是染上酒癮，讓我笑到站不起來，還得一邊解釋給他聽。

學酒的路上我也慢慢地認識一群愛品紅酒的朋友，來自各行各業和年齡層，我們一起品酒、分享人生體驗，年長的朋友教我學習很多做人處事的原則；進口酒商朋友帶著國外酒莊主人和我們聊酒莊的故事；收藏紅酒的朋友，總是大方和我們分享他的珍貴紅酒……有時我們還會自己帶酒杯、醒酒瓶和適合搭配的食物。這個紅酒同好會我們取名叫「酒久人生」，也讓我交了很多忘年好友，不僅讓我有機會品嘗與了解更多紅酒，同時也開啟了我的人生視野。

我們彼此都非常珍惜，因為「知己難尋」，要找一群跟你有共同興趣、又願意彼此分享的朋友並不容易。我們常笑說，千萬別勉強身邊朋友配合你喝紅酒的規矩，什麼酒要配什麼餐、用什麼杯子、醒酒時間……喝個酒規矩這麼多，會讓你沒朋友的。

幾年的時間下來，我得到了一張侍酒師執照，也有自己的小小紅酒收藏，現在紅酒就是我生活的一部分，朋友家人也跟著受益，聚會時我幫忙挑酒，媽媽要宴客時，我也能幫忙安排適合的餐廳和紅酒，讓生活變得更豐富了。

喝酒論英雄的年代

談喝酒，應先談酒量，沒有酒量喝不了酒！我承襲父母一點基因，喝酒對我真不是問題；年輕時，社會的風氣是以酒論英雄，尤其是業務，要簽張合約，客戶總是在酒桌上見真章，他們不信個小身瘦的我能喝多少酒！但我總能讓在坐的同事長官驚訝不已，連文友們也納悶：「你個子這麼小，啤酒可以喝這麼多瓶，都放哪裡呢？」我也不知，反正年輕時我逞兇鬥狠的方式就是「拼酒」，因無往不利，漸漸地親朋好友也就不挑戰我了！

現在的職場文明多了，再沒有人會以酒論業績，所以現在喝酒只跟三五好友品酒論詩、書，罵不成材的政治人物，評紛擾不安的國際局勢……高尚多啦！

移民溫哥華才認識紅酒，閒來沒事逛逛超市旁賣酒的部門，有些紅酒十元加幣左右，買回一試也能讓我驚豔，總在陽台望著太平洋的彼岸，望著山，沉靜在夕陽中，獨享手中這杯酒，或在冬季，看著枯枝上落寞停留的烏鴉，想著牠在那裡避寒呢？我飲盡杯中酒！

對一個總在四處為生活奔波，外似熱情內心卻孤寂的人，酒可說是我知己的朋友，可以任自己傾訴，任自己哭笑；既是知己總有尊重，不醉酒是原則，微醺無妨！

這些年，我只喝紅酒，二十年前，我轉戰大陸，大陸同胞不認識紅酒，總喝香氣嗆人的白酒，剛開始我還遷就，但每想到那恐怖讓我無法呼吸的味道，決定領導們宴請我就自備紅酒；久之，他們知道我不喝白酒也不勉強了，漸漸他們也試著喝紅酒，現在也只喝紅酒了，這是第一批文明的領導好友！

女兒開始品酒，只告訴她兩個原則，不能醉酒，女人的潔身自愛是最起碼的原則；不能為藏酒超越自己的能力，嗜好須有節制不可「玩物喪志」，這兩個原則能遵守，才有資格品紅酒。

媽媽生病了

知道媽媽病了，當下只有四個字可以形容，「晴天霹靂」。

記得我高中時，媽媽跟我說她得了很難治的病，聽完後我每天哭，滿腦袋都在想：「天啊！這病要怎麼治啊？我要怎麼樣幫我媽？」雖然平常開心或不開心都會跟朋友說，但這件事我無法跟任何朋友分享，除非親身體會，否則害怕失去至親的感受沒人能了解。我和媽媽很親密，當時我隻身在國外唸書，但每天都會通電話、聊聊心事，我完全不能想像她如果就這樣走了，我要怎麼辦！因為太擔心她的病，對於她抗拒吃藥這件事，常讓我氣惱不已。雖然她看醫生，卻不太配合治療。我最常說的話就是：「藥不好吃，你就用吞的吧！」她就回我：「我吃不下去！」她不肯吃就是不肯吃，真的很任性！

這次她生病，我卻有好強烈的感覺，「我要失去她了！」我知道，總有一天她會離開，但不是現在啊！我還沒準備好，我還有好多事想跟她一起完成，她還沒看到我結婚生子呢！雖然我們常告訴彼此，我們好愛對方，但是不夠啊！

剛知道她的病情，我幾乎完全崩潰，沒有心思做任何事。只想著誰能幫幫我們，那裡有醫生能治這個病？雖然我已經能自食其力，但是我好依賴她，我不能想像有一天不能再聽她給我建議、不能傳簡訊給她，不能想像那個手機號碼從此不再有人接聽！

陪她看醫生、聽醫囑，雖然醫生建議應立即開刀、治癒率很高，但她不願意，堅持不開刀。我心裡很掙扎很慌張，不斷問她：「真的不開刀嗎？」但我又想，如果病人本身沒有意願配合治療，那麼成效一定不佳。我能為她做的就是支持她的決定，陪她、協助她度過接下來的療程。如果真的沒有多少時間了，我不希望我們是在爭執中度過，我只想好好陪伴她。我不願意讓她知道我的擔心，雖然她表現鎮定，但我明白她心裡也會慌。畢竟誰能真的置身事外地看待危及自身性命的事？我好心疼她要承受疾病苦痛，還要假裝堅強。尤其當她向我交待身後事，那種感覺是「我隨時都要失去她了」，這次的病好像來勢洶洶，讓我無法招架。看起來還是那麼健康、那麼有活力的人，怎麼可能會說走就走？

因為選擇不開刀，也沒有什麼藥能治癒，只能從生活調整做起，她減緩生活步調、讓自己沒有壓力、情緒不能波動太大、室內空間要恆溫……我告訴她：「請做你開心的事吧！」旅行、去遊山玩水都好，辛勤工作了大半輩子，我叮嚀她不能再那麼辛苦！我看到她的轉變，變得率性、不再屈就或配合所有事，不再把那麼多事攬在自己身上，明白每個人都有自己的位置，她不能為了要事事周全而勞心勞力。但是她又閒不下來，經常搞得自己很忙碌，一天還有好幾個約會，然後說她很累，我就會叨唸她。

她從不把自己當病人，就像她一直維持心態健康，始終保持活力，年齡對她來說從來就只是一個數字。這也讓我時時提醒自己，不能把「我老了」這種話掛在嘴上。她結交年輕的朋友，時時吸收最新資訊，她看音樂台、看時尚雜誌、看財經訊息，不間斷學習。我常唸她：「現在生病了，你怎麼都不克制一下呢？別讓自己太忙，愛你自己，就當多愛我一點嘛！」還有與其說「十年後我可能就不在了。」幹麼不說「我一定能活到一百歲，我一定會很健康！」？

我了解到，當面臨生老病死，身邊一定要有真正關心和信任的人，不只別人願意幫你，自己也要願意開口求助。例如她的朋友們常寫信鼓勵她、她的義兄阿華舅舅幫她找醫生，靠我這個女兒的支持是不夠的，因為我只能扮演一種角色。在她生病的過程中，我看到她的朋友們給她很多正向的力量，我相信如果沒有她這些真心關懷的朋友，她很難撐過來。
我默默祈求菩薩讓媽媽能再陪伴我，直到永遠……

呱呱落地的初吻

女兒出生時，因喝太多羊水，髒東西噎住了，只聽醫生說：「你怎麼不哭啊！吃這麼多髒東西！」摳出穢物，做口對口呼吸才有了哭聲！第三天，我下床去嬰兒房看她，還在保溫箱裡頭上打著點滴，看了好心疼。這是第一次感受到病在兒身痛在娘心！

她有扁桃腺腫大的問題，經常為了扁桃腺發炎發高燒去醫院掛急診，高燒不退醫生讓她住院打點滴，怕她亂動針管會脫落，用木板固定小手，她一夜狂哭，好像受了多大委屈，怎麼哄都不停，隔壁病房的大人不能體諒，過來理論，我氣地讓護士拔掉針，不打了！這樣的鏡頭一再重演，醫生建議把她的扁桃腺割了！

「不割呢？」到底是肉體的一部分，有什麼發炎發燒症狀也是個警訊呀！

「不割，六歲以後也會好些。」那就熬吧！

孩子很奇怪，生日前特別容易生病，這樣的經驗讓我印象深刻，總在她臉色蒼白無精打采下吹蠟燭，她怎麼會感受生日快樂的氣氛呢！

她從小好勝心強，表現算優，小學畢業時，校方指定她代表畢業生致詞，她每天認真的在練，就在畢業典禮前五天她突然發高燒，臉上泛紅，我以為老毛病又犯了，去醫院醫生安排她住院，告訴我不是扁桃腺發炎，是猩紅熱！

我真不懂猩紅熱是什麼病，醫生解釋半天，當年也沒有網路可查！我選擇信任醫生，接受住院治療。

她很著急的問：「那我可以去參加畢業典禮嗎？」

醫生哄著她：「你很乖配合打針吃藥就可以去呀！」

「這對她很重要，她要代表致詞！」我笑著告訴醫生。

「哦！那戴叔叔要加油了，讓你趕快好起來！」戴醫師從小看她，對她體質很了解。她終於安心的睡了，也如願的在畢業典禮前一天出院回家。

我總在變天時，叮嚀她加衣服，奈何天秤座的愛美簡直無藥可救，感冒是她的天敵，一感冒就高燒不退，奄奄一息，我又急又氣又心疼，這樣的事也一再重複，我用自己的方式治療她，檸檬切半煮可樂大碗大碗喝，喉嚨腫痛就讓她吃上呼吸道的消炎藥，也每能見效，否則在溫哥華要看個家庭醫生，約診耗費時日，感冒也只是讓人休息、喝水、睡覺、吃維他命C，喉嚨腫痛就吃冰淇淋，這招我倒學會，孩子喉嚨腫痛、發燒不想進食，我就讓她吃冰淇淋，皆大歡喜！

女兒是我誦《普門品》，拜觀音求來的孩子。從八歲時，我在普門寺五樓當義工籌備國際佛光會，她就在佛堂上下跑來跑去，師父們一下餵蘋果，一下餵餅乾，可是大家幫忙帶大的小孩呢，相信她帶著累世福報來的，一路平安長大，沒給我太多麻煩；唯一嚇到我的一次，在南加大唸書時，有一天電話中很低沉地說：「媽！我車撞了。」

「有受傷嗎？」這是我第一個反應，心裡抽痛了一下，很怕聽下去。

「車子受傷，我很好！」她倒幽默。「保險公司已經來處理好了，對方會賠償……」

我只問受傷沒，其他都不重要，平安我就放心了！

「開車要小心……」不等我說完。

「媽，不是我的錯，是對方在高速路交流道口違規迴轉……」她急於辯解。

「所以媽才說開車要膽大心細，眼明手快，前者是不撞人，後者是不被人撞。」

雖然心疼，恨不得立刻飛到她身邊把她擁進懷裡，但還是咬著牙機會教育。

從懷胎十月到長大成人，撫育一個孩子平安成長是多麼不易，多麼該感恩的大事，若孩子又成才懂事、孝順親長那就是我們的累世福報呢！

猶記一九九八年，身體狀況壞到谷底，許醫師開給我的中藥，服後一小時跑了七次廁所，瀉到我無法坐立，我放棄了！一九九九年，陪曹又方到上海看一位癌病權威邱大夫，我順道求診，他的藥服後兩個小時我抱著馬桶吐了十三次，連膽汁都吐盡了，我以佛法悟出因緣觀，因緣不俱足，就是仙人下凡賜予仙丹也呑不進去！人，何等脆弱！

安樂窩

剛從美國完成研究所學業返台後，進入新聞界，當時薪水非常少，我根本沒想過要買房子。媽媽說反正錢都會花掉，不如強迫自己儲蓄，而買房子是最好的存錢方式。我真的覺得我媽瘋了，台北市房子那麼貴，我薪水又少，雖說住家裡省下不少錢，但若要繳房貸，我真的就是個窮光蛋了！為了說服我，媽媽還跟我談條件，頭期款會幫忙，買小坪數的房子就好。其實我能了解媽媽的用心良苦，因為她小時候家裡窮，為了工作和求學，數不清的搬家次數讓她覺得有自己的房子是件很重要的事。

為了買這個房子，我省吃儉用、減少朋友聚會、完全不逛街不買衣服。房子交屋後，也花了很多心思裝潢，雖然有人罵我笨，要出租的房子弄得這麼漂亮幹麼，但我認為如果我能把房子整理得連我自己都很想住，來看屋的人一定也感覺很好。所以很幸運地，即使我定的租金稍高，但每次都是第一次帶看房客，就立刻把房子租走了，大大降低我繳貸款的壓力。

不由得你不信，買賣房子靠的是緣分，因為房子真的是會自己挑主人的！我第一次動念頭想賣時，因為賣價不好，就乾脆給媽媽當工作室，想等價格更好時再處理。過了一段時間，我都遺忘了這件事後，突然有一位非常年輕的房仲小弟弟主動打電話給我，非常積極且拼命請求我能否空出一天時間讓他帶客人看房子，但因為之前與房仲交手的經驗讓我不是很自在，我明確的告訴他我希望實拿的價格，並且絕不接受議價。就這樣，短短一天內，房子居然就賣掉了，房仲弟弟還真的遵守他的承諾，從頭到尾沒有再跟我議價，整個賣屋過程順利又迅速。我心裡想，或許這房子真的不想跟我了，緣份已盡吧！

朋友們都不相信我這麼快就賣掉房子，認為我太幸運。於此同時，我也積極尋找下一個房子，把小房子投資獲利的錢，繼續「存」下去。媽陪著我，跟著房仲大街小巷尋找想要的房子，因為預算有限，太新、太大的房子我買不起，太偏遠、太老舊的房子我又不喜歡，真的費盡心思。

更有趣的是這時候我又突然想起幾年前看過的一棟新的建案，我很欣賞這個建設公司設計的案子，尤其記得那時我很喜歡七樓，但是已經賣給了一對住在國外的華僑夫婦。費了千辛萬苦找到建設公司，他們卻因為財務困難，已經不再蓋房子，剩下的建案都沒有我喜歡的地點，後來輾轉知道我當初喜歡的建案正好七樓想要賣，神奇的是，原屋主也就是這對華僑夫妻裝修好後，一天也沒住過，還是個新房子，原先屋主想退休時回台住的，所以裝潢格外用心。我只看了一眼，一口價，成交。就這樣，我買了人生第二個房子，我媽媽也很喜歡，不僅採光好、也有自己的車位，讓媽媽當工作室再好不過。我心想，這房子真的就是在等我啊！

這房子，讓我彷彿看到幾年後我媽在這裡看著我帶著老公小孩來看阿嬤泡茶寫作，看到她抱著我的孩子……雖然我媽不太能接受「阿嬤」這讓她覺得好老的稱呼，但我知道，在這個小小卻溫馨的房子裡，她一定會很開心。這房子讓我再次步入房奴的生活，我卻甘之如飴。

我需要供養

從小教育孩子長大賺錢要供養我，朋友們笑：「什麼時代了，孩子不伸手拿錢就不錯了，還供養你！」

我堅持：「這是責任教育，告訴孩子供養我是她的責任，孩子不懂什麼是責任，畢業、工作、成家，還伸手要錢是不對的，對責任沒有認知問題在我們，因為我們沒有教呀！」

所以，我正享受著令大家羨慕的「供養」！

記得剛踏出社會，養母總叨唸著：「沒有自己的房子，租房像貓移巢。」但我始終沒有咬牙買房，當年以我的收入，家裡的負擔很重，我沒有能力繳房貸，我真的不夠勇敢！也因為不夠勇敢，所以始終沒有房產，搬家成了我成長過程中的惡夢，我的收入永遠比不上房價上漲！

這慘痛的教訓，當然要分享給女兒，告訴她咬緊牙根買房是第一優先的投資。

她不但勇敢且有膽識，我笑她真能買空賣空。拿到中天電視的第一份工作薪支微薄卻到處看預售屋，算帳一百遍就是買不起，其中有棟七層樓只有七戶的小建案，她很喜歡，七樓，坪數最小，採光很好，雖然才要建，但戶數少很快就建好，還是買不起啊！

她做了第二選擇，買了十五坪的小套房，也是預售，她減少買衣、買包等女孩最想要的流行，首購貸款利息低，她終於養了一個房，花了八十萬裝修，租了不錯的價錢，足以繳房貸，不管房子大小總算是有殼族。

直到醫生宣告我「左側大腦中大動脈瘤」，若不手術就像帶顆不定時炸彈後，她覺得照顧我是她的責任。她堅持我搬進小窩閉關，讀書寫作，我其實多數時間在國外，但她的美意我一定要接受。

她是個體貼入微的孩子，有一天突然告訴我：「媽，你在這裡寫作光線不好，我想給你換個房子。」

「哦！房子那麼貴，哪來錢？」我沒太在意，以為她只是說說。

我常說她是菩薩加倍特別關愛的孩子，不到一個月，一對姐妹來看了一眼，沒有還價就買了房！我匆匆趕回國打包行李，送回汐止山上的別墅，她很堅持：「山上太潮濕，阿嬤往生後又沒有整理，離我辦公室實在太遠，我要看你很不方便……」

她說了成堆理由，就是讓我幫她再看房，趕快再買一間房，錢才不會花掉！台北房子都天價，要離她仁愛路建國南路辦公室近的房子，怎麼買得起？我忍不住：「你要買多少錢的房子？」

「不能超過三千萬。」

「三千萬？你手上有多少錢？」我瞪大眼。

「八百萬。」她望著我，自己笑了。

「哦！貸款怎麼還？」

「嘿嘿，我在銀行工作！員工利率比較低呀！」聽她的回答，她想過了。

「好！這個週末我們看房。」既然女兒想清楚就行了！

即使她把貸款壓力壓到極限，以這樣的價位買個看得上眼的房，實在不易！台北動輒上億的房價，對供薪階級實在是登天難。看了不只二十棟，都是髒亂陳舊的二手房，當然也都被她否決，突然想起多年前買不起的第一選擇：「媽，應該完工了，不知還有沒有餘屋！」

「有餘屋也買不起！」

「拜託嘛！你幫我去問，我上班很忙，乖哦！」她可會哄我了。

輾轉問到當年負責工地的先生，他熱心地問到當年買下七樓，裝修好房子卻始終沒入住，正想脫手的一對住在倫敦的夫妻，適巧他們為了生意要回台，就這樣不到十天，當年的第一選擇又回到她手裡，我深信房子會找主人，這房子就像在等她！

辦理貸款時，銀行經理告訴女兒說：「你薪資的標準不夠，不能貸到兩千萬。」我對女兒開玩笑：「哦！那告訴你老闆，連自家銀行都不肯貸給你，表示該加薪了。」

女兒是有福氣的人，總有龍天護佑，我問：「你每月繳的利息佔了薪資一半，三年後本金怎麼還？」

「親愛的媽，不擔心，三年後説不定房子又漲了，我可以賣了再換大一點的房子，或者換一家銀行繼續繳利息啊！」她露出生性樂觀的一笑。

我常想，現在的孩子經常被我們低估，他們有潛能，有膽識，比我們勇敢，我們是否該學會欣賞與讚嘆？

想當年，我就是不夠勇敢，被養母怨了一輩子！

生命中的第二故鄉

在加拿大溫哥華市，我真真切切地感受到何謂「生活」。完成台灣的國小學業後，我們就移民到溫哥華。這是個非常美麗的城市，風景如畫，美景俯拾即是。

初到溫市，我們借住媽媽的好友邱老師家，鄰居是一對已退休的八十多歲加籍老夫婦。很典型的年長白人形象，兩個人都圓圓胖胖的，經常是笑容可掬而且和藹可親，看我一個亞洲小女孩家人又不能天天陪伴，很熱心地請姪女來教我坐公車、逛超市、去圖書館，讓我能在很短的時間認識且融入當地的生活。老爺爺年紀很大，很少開車，但他以僅四十公里的速度開車專程帶我去海洋公園看看可愛的海獺，我則用著不太流利的英語努力的跟他們聊天。我還記得他們可愛的房子有一個很大的花園，老爺爺每天整理花草樹木、也會敲敲打打做些木工，還會自己設計金屬飾品，常常做很別緻的胸針送給我們；老奶奶則是烘焙高手，只要到她家做客，各式甜點蛋糕餅乾滿滿一桌，也經常分享自製美食給鄰居，還記得我第一次煮菜就是她教我煮義大利肉醬麵，能認識他們真是無比幸運。

這對老夫婦真的很懂得生活，他們並不富裕、也沒有孩子，但是每一天都很充實。即使年過八十也能彼此扶持照顧：能自己開車到超市採買，每年一定安排一次旅遊，還去當義工，不因為自己年老而自我埋怨。後來老奶奶眼睛不好，老爺爺就全心照顧她，老奶奶過世後老爺爺到養老院度過餘生。記得許多年後，我和媽媽回到溫哥華去探望，他卻已在半年前往生了，當時護士分享他認識的老爺爺和他在安養院的生活，老爺爺依然很熱心、很有活力，在安養院也不意外地結交很多好朋友，快樂地度過晚年，稍稍安慰了我們的悵然若失和悲傷。

後來在西溫買的公寓，鄰居也相當熱情，是個非常富有的中東家庭，住著一對夫妻，他們的小孩常常帶孫子回來探望他們，雖然已經是祖父母，但可能因為中東人結婚得早，他們看起來很年輕，平時也經常與我們分享特色美食，請我們去吃最道地的中東食物，還常常做各式中東點心送來我家，雖然他們用的特殊香料實在讓我們很難接受但他們的熱情和用心早就蓋過了那令人窒息的味道。還有一次媽媽想送我去當地很傳統的英國私立學校，需要校友當介紹人，平時只是禮尚往來的這對夫妻立刻非常熱心的幫我們聯繫，又寫介紹信又約校長，雖然後來有其他考量沒有轉校，但他們的真性情讓我到現在想起來都暖暖的！

雖然一般人認為美國是民族的大鎔爐，但就我自己的體會，加拿大更適合這個形容。不論種族背景加拿大人友善熱情，也樂於接納各種文化，我從未因膚色受歧視。「文化隔閡」在這裡所展現的是更多的包容與尊重，而非批判和歧視。這裡還有來自全球各地的美食，正因許多人以技術移民來到加拿大，我在這裡吃過最美味的日本料理和港式飲茶，即使有不少國家的旅行經驗，溫哥華的道地美食仍令我念念不忘。

除了彼此的尊重和學習，新移民的我們也學到很多他們的優點，令人讚賞的是加拿大人的「高道德標準」，尤其是在維護自然環境和遵守法律上。我們就住在海邊，隔著一條街的小碼頭就可以抓魚和螃蟹，碼頭上都有告示牌，告訴你這裡允許抓螃蟹，但小於幾公分的螃蟹請你釣上來後務必放回海裡，因為要維持生態平衡。我常常看著這些釣客，等了好久才抓到的螃蟹，量一量尺寸雖然只差一公分還是立刻放回海裡，沒有任何猶豫，周邊也沒有警察或警衛監看，他們自然而然地遵守法規，落實在生活裡。記得有一次和朋友去海邊玩，規定為了沙灘整潔，不能烤肉或生火，我和朋友們當時年紀小，想著反正晚上也沒人看到，就偷偷升火，結果被路過的人勸告，請我們愛惜這個漂亮的海灘把火滅了。一個成熟的國家真的需要很多守法且願意多管閒事的人！

溫哥華的美好是如詩如畫的風景，是善良的人性，更是許許多多生活的細微處。每當有人問我家在那裡，我都默默的想溫哥華是我心中永遠的家，有一天我一定還要回去！

記憶中的美好生活

一般人認為孩子有記憶應是從五、六歲開始，但我隱約記得一歲多，租住一家三合院靠廚房邊的一間房，養母忙時總將我用背巾綁在床頭，我會從有欄杆的窗口喊著在後院聊天的阿婆，她總笑著回過頭邊跑向我邊嚷著：「夭壽哦，把你綁在這裡……」然後就來把我抱走，可見我從小就懂得生存之道！

六歲時，在村子道邊租了一間茅草蓋的屋，養母若要去城裡辦事，就讓我抱著襁褓中的表姪女，靠著床上的棉被，餵她喝米漿，看她慢慢喝完，睡著，手很痠，可是大人還沒回來不敢動，想上廁所也只好忍著，聞到隔壁炒菜的味道肚子更餓了！直到中午過後，一見養母推門進屋，我就興奮的叫她，她抱走我懷裡的小姪女，我迅速跳下床奔向洗手間。哈哈哈，回想起來，我從小就很有責任心！

小弟送來養母家寄養，帶著他去河邊洗衣，讓他蹲在岸邊等，他不小心栽下來，小帥哥額頭留下一道疤，是我心中永遠的痛！

表姊出資六萬元，買了一小塊地，蓋了一棟石頭屋，是村子裡的新房耶，但颱風來還是淹水，水退了清理屋子，床底一摸是蛇，門邊一摸也是蛇，嚇得我魂飛魄散、驚聲尖叫！為了求學搬往台北房子，賣給基督教當聚會所，聽說鬧鬼讓我很納悶，我住時很平安呀！想來是龍天護佑，從小就享有福報！

不知搬過多少次家，遇過多少好鄰居！移民到溫哥華第一個買的房子就是一面山三面太平洋，下樓一分鐘就走到令人心醉的西溫海邊，可惜我忙於奔波無福享受，倒是讓我的菲籍女傭笑說：「雖然我住最好的房子，吃最好的食物，可是妳沒有工作給我做呀！」讓我深受打擊！她的工作只要照顧好女兒的起居，接送她上下學，比我的工作輕鬆多了！

為了女兒能上U-Hill高中，在學區旁謝太太家租了兩個房間方便女兒上學，為了不受跨過獅門橋的交通壅塞之苦又換了西區的房子……

孟母三遷的心情我了然於心，而與女兒的親密互動就在這搬遷的過程中。我不懂風水，每個住過的房子只要求採光好、通風好、格局方正，走進去感覺溫暖就是好房子，最重要是住在一起的人能和樂，把幸福寫在臉上就對了！

告訴女兒我退休後要回溫哥華，她自信的說：「如果我在台灣，妳一個人在溫哥華怎麼會幸福快樂呢？」相視而笑，是呀，「愛在哪裡，人就在哪裡。」是我們彼此的承諾！

國家圖書館出版品預行編目 (CIP) 資料

有女真好 / 鄭羽書 . Victoria
-- 初版 . -- 臺中市 : 晨星 , 2013.11
面；　公分 . -- (人間羽錄 ; 2) (勁草 << 人間羽錄 >> ; 352)
ISBN 978-986-177-704-7(平裝)

528.2　　102004558

勁草叢書《人間羽錄 2》352

有女真好— 30×2 的女人

作者	鄭 羽 書 、 Victoria
插圖	阿 潔
編輯	吳 怡 芬
校對	鄭 羽 書 、 陳 思 嫻
封面設計	陳 其 煇
創辦人	陳 銘 民
發行所	晨星出版有限公司 台中市 407 工業區 30 路 1 號 TEL:(04)23595820　FAX:(04)23550581 E-mail:service@morningstar.com.tw http://www.morningstar.com.tw 行政院新聞局局版台業字第 2500 號
法律顧問	甘 龍 強 律師
初版	西元 2013 年 11 月 30 日
二刷	西元 2013 年 12 月 31 日
郵政劃撥	22326758(晨星出版有限公司)
讀者服務專線	04-23595819 #230
印刷	上好印刷股份有限公司

定價 250 元
（缺頁或破損的書，請寄回更換）
ISBN 978-986-177-704-7
Published by Morning Star Publishing Inc.
Printed in Taiwan

◆讀者回函卡◆

以下資料或許太過繁瑣，但卻是我們瞭解您的唯一途徑

誠摯期待能與您在下一本書中相逢，讓我們一起從閱讀中尋找樂趣吧！

姓名：＿＿＿＿＿＿＿＿ 別：☐男 ☐女 生日： ／ ／

教育程度：＿＿＿＿＿＿

職業：☐學生 ☐教師 ☐內勤職員 ☐家庭主婦 ☐軍警 ☐企業主管 ☐服務業 ☐製造業 ☐SOHO族 ☐資訊業 ☐醫藥護理 ☐銷售業務 ☐其他

E-mail：＿＿＿＿＿＿＿＿＿＿ 聯絡電話：＿＿＿＿＿＿＿＿

聯絡地址：☐☐☐＿＿＿＿＿＿＿＿＿＿＿＿＿＿＿＿

購買書名：有女真好

• 誘使您購買此書的原因？

☐於＿＿＿＿書店尋找新知時 ☐看＿＿＿＿報／雜誌時瞄到

☐＿＿＿＿電台 DJ 熱情推薦 ☐親朋好友拍胸脯保證 ☐受海報或文案吸引

☐電子報或晨星勵志館部落格／粉絲頁 ☐看＿＿＿＿部落格版主推薦

☐其他編輯萬萬想不到的過程：＿＿＿＿＿＿＿＿＿＿＿＿＿＿

• 本書中最吸引您的是哪一篇文章或哪一段話呢？＿＿＿＿＿＿＿＿

• 您覺得本書在哪些規劃上還需要加強或是改進呢？

☐封面設計 ☐版面編排 ☐字體大小 ☐內容

☐文／譯筆 ☐其他

• 美好的事物、聲音或影像都很吸引人，但究竟是怎樣的書最能吸引您呢？

☐價格殺紅眼的書 ☐內容符合需求 ☐贈品大碗又滿意 ☐我誓死效忠此作者

☐晨星出版，必屬佳作！ ☐千里相逢，即是有緣 ☐其他原因，請務必告訴我們！

＿＿＿＿＿＿＿＿＿＿＿＿＿＿＿＿

• 您與眾不同的閱讀品味，也請務必與我們分享：

☐心靈勵志 ☐未來趨勢 ☐成功勵志 ☐自我成長 ☐宗教哲學 ☐正念禪修

☐財經企管 ☐社會議題 ☐人物傳記 ☐心理學 ☐美容保健 ☐親子叢書

☐兩性關係 ☐史地 ☐休閒旅遊 ☐其他

• 您最常到哪個通路購買書籍呢？ ☐博客來 ☐誠品 ☐金石堂 ☐其他＿＿＿

• 如果本書出版電子書，您是否會購買？ ☐會 ☐不會 ☐其他＿＿＿＿＿

• 如果您有興趣的書同時出版紙本書以及電子書，您會先選擇購買

☐紙本書 ☐電子書 ☐其他

• 您覺得哪些種類的電子書會讓您想要購買呢？

☐心靈勵志 ☐語言學習 ☐美容保健 ☐親子叢書 ☐圖文書 ☐其他＿＿＿

以上問題想必耗去您不少心力，為免這份心血白費

請務必將此回函郵寄回本社，或傳真至（04）2359-7123，感謝！

若行有餘力，也請不吝賜教，好讓我們可以出版更多更好的書！

• 其他意見：

晨星出版有限公司 編輯群，感謝您！

請填妥後對折裝訂，直接投郵即可，免貼郵票。

廣告回函
台灣中區郵政管理局
登記證第 267 號
免貼郵票

407

台中市工業區 30 路 1 號

晨星出版有限公司

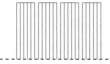

請沿虛線摺下裝訂，謝謝！

填問卷，送好書

凡詳填《有女真好》回函

並加附 50 元郵票（郵資與工本費用），馬上送好書！

《心靈雞湯》（天下慈母心）

數量有限，送完為止

原價：250 元